# 阳明心学十讲

司雁人 

Yangming Xinxue Shijiang

中山大學出版社
SUN YAT-SEN UNIVERSITY PRESS
·广州·

**图书在版编目（CIP）数据**

阳明心学十讲/司雁人著．—广州：中山大学出版社，2020.1
ISBN 978-7-306-06805-7

Ⅰ.①阳…　Ⅱ.①司…　Ⅲ.①王守仁（1472—1528）—心学—研究
Ⅳ.①B248.25

中国版本图书馆CIP数据核字（2019）第291691号

**出 版 人：王天琪**
策划编辑：熊锡源
责任编辑：熊锡源
封面设计：曾　斌
责任校对：叶　枫
责任技编：何雅涛
出版发行：中山大学出版社
电　　话：编辑部 020-84111996，84113349，84111997，84110779
　　　　　发行部 020-84111998，84111981，84111160
地　　址：广州市新港西路135号
邮　　编：510275　　传　　真：020-84036565
网　　址：http://www.zsup.com.cn　E-mail：zdcbs@mail.sysu.edu.cn
印 刷 者：广州一龙印刷有限公司
规　　格：787mm×1092mm　1/16　10.75印张　200千字
版次印次：2020年1月第1版　2020年1月第1次印刷
定　　价：35.00元

**如发现本书因印装质量影响阅读，请与出版社发行部联系调换**

# 人物小传

王阳明，名守仁，字伯安，因曾筑室于会稽山阳明洞，自号阳明、阳明子、阳明山人，学者称其阳明先生。成化八年（1472）九月三十日生于浙江绍兴府余姚县（今属宁波市），正德初因刘瑾、焦芳迫害余姚人，随父迁家至山阴县（今绍兴市），嘉靖七年十一月二十九日（1529 年 1 月 9 日）卒于江西南安（今大余县）。明代最有影响力的思想家、文学家、哲学家和军事家，陆王心学之集大成者，精通儒家、道家、佛家。弘治十二年（1499）进士，历任兵部主事、贵州龙场驿丞、庐陵知县、左佥都御史、南赣巡抚、两广总督等职，晚年官至南京兵部尚书、都察院左都御史。因平定宁王朱宸濠叛乱有功而被封为新建伯，隆庆年间追赠新建侯。谥文成，故后人又称王文成公。“王阳明是明代最有影响力的思想家、政治家和教育家，其武功足以定乱，文治足以兴邦，学术足以承前启后，言行足以化民导俗，故在德行、事功及学问上，时贤皆难望其项背。如从其治学之精密广博、事功之超卓远大及风骨之豪迈嶙峋来下评语，则可以肯定地说，儒家所谓‘立功’‘立德’和‘立言’三不朽者，阳明盖兼而有之也。”（钱明《阳明学的形成与发展》第 1 页）阳明心学是中国儒学最后一个高峰，王阳明与孔子、孟子、朱熹并称“孔孟朱王”，其学术思想传至日本、朝鲜半岛及东南亚。弟子极众，世称“姚江学派”。其文章博大昌达，行墨间有俊爽之气。有《王文成公全书》。

# 前　言

人们之所以对王阳明感兴趣，多半是被他传奇的经历所吸引。实际上，王阳明、王学、阳明文化、阳明心学都是不同的概念和范畴。王阳明丰富的阅历与多方面的成就，又可以有诸如王阳明与地方社会、军事、教育等许多子课题。目前的情况是，知道王阳明的人很多，懂王学的人很少；研究阳明文化的人很多，研究阳明心学的人很少；研究阳明心学某个概念的人很多，研究阳明心学体系构成的人很少；把阳明心学当作“一种光景”的人很多，实际工作中用功的人很少。

王阳明的人生是一种境界，阳明心学是公职人员甚至高级官员的培训课程。我们这里不讲阳明文化，只讲阳明心学；不讲神奇故事，只讲良知学理；不讲丰功伟业，只讲学术活动；不讲鸡汤，只讲原材料。用十讲来讲透阳明心学的思想机理。

孔、孟、朱、王为儒学四大高峰，阳明心学尽精微而致广大，阳明心学研究是中国学术顶尖课题之一。学问功夫贵细密，我们这里全面梳理以前及最新研究成果，简洁地给出阳明心学整体的逻辑原理。

# 目　　录

# 第一讲　绪　　论

阳明心学总括来讲很简单，分析来讲很复杂。

研究阳明心学，如果仅从学术角度出发，枝枝蔓蔓，论来论去总不能讲清楚。仅从学术上讨论阳明心学，就遮蔽了阳明心学的政治意义和社会意义。我们这里主要抓住阳明心学改良政治、改造社会的主旨，从社会政治的角度来讨论阳明心学学理，便觉势如破竹，一竿到底。

阳明心学研究，从学术角度来看已硕果累累，从社会政治角度来看还有待开掘。

## 第一节　王阳明看到了什么

关于阳明心学的来由，我在拙著《阳明境界》[①] 一书第四章中已做详细讨论，这里再做进一步梳理。

明弘治十八年（1505）五月，年仅三十六岁的孝宗朱祐樘因服用丹药过量而死，他十五岁的独生儿子朱厚照继承了皇位，即明武宗，改年号正德。朱厚照是明代最昏庸腐败的皇帝之一，在他即位的头九个月时间里，就花掉了四百多万两库银。户部尚书报财政告急，廷议时，大臣们说没别的办法，只有劝皇上节俭。靠不择手段爬上吏部左侍郎位置的焦芳知道旁边有皇帝耳目，故

① 司雁人：《阳明境界》，中国社会科学出版社 2007 年版。

意慷慨激昂地说：平民家也需日常开销，各级官员就更不用说了，现在全国各地逃租逃税不知有多少，你们不想办法治理，只喊减少皇上开支合适吗？[①] 耳目果然汇报给了朱厚照，朱厚照听了非常高兴。正德元年（1506）四月，吏部尚书马文升去位，焦芳就靠这些不失时机地阿谀投好、毁人誉己的卑劣手段，当上了吏部尚书。

时年十五岁的朱厚照还是个贪玩好乐的少年，他当太子时就在东宫侍候他的太监刘瑾狡狠成性，与马永成、高凤、罗祥、魏彬、丘聚、谷大用、张永并以旧恩得幸，人称“八虎”。他们每天用鹰犬、歌舞、角抵等引诱小皇帝沉湎于酒色犬马，甚至导引其微服出访，寻欢作乐。

朝廷内外对以刘瑾为首的“八虎”集团的所作所为早已议论纷纷。顾命大臣、内阁大学士刘健、谢迁、李东阳上疏规谏，小皇帝不听，其他臣属轮番劝谏，还是不听，有人以星变陈言，才勉强听得进去。户部尚书韩文每退朝，辄泣恨不能救正。郎中李梦阳说，大臣共国休戚，徒泣何益！韩说，计安出？梦阳说，言官交章弹劾，阁臣死力坚持，去宦官易事尔。次日早朝，韩与诸大臣密议，都同意。于是李梦阳起草了奏章，韩文联合朝中六部九卿诸大臣，准备联名上疏弹劾。

朱厚照不得已，与司礼监几个太监商量，准备把刘瑾等遣送南京。刘健等人听说后恐留后患，反复说这样不可。尚书许进说：“过激将有变。”[②] 刘健等还是坚持要处死刘瑾等。一向比较正直的司礼太监王岳遂将刘健等大臣的意见告之皇帝，而且说阁臣所议极是。在群臣的强大压力下，正德只好答应第二天早上便下旨，将刘瑾等人逮捕下狱。刘健等又约韩文及诸九卿第二天上朝时

① 《明史·阉党·焦芳》：“庶民家尚须用度，况县官耶？谚云：‘无钱拣故纸。’今天下逋租匿税何限，不是检索，而但云损上何也？”

② 《明史·宦官·刘瑾》。

伏阙面争。

韩文等联名上疏弹劾刘瑾的奏章拟好后，按照明朝廷各部会奏应首先由吏部签署的规制，交给身为吏部尚书的焦芳签署。此前内阁大学士刘健曾不齿于焦芳的人品而阻止其复入翰林院，内阁补缺时谢迁也没举荐焦芳而举荐了别人。对刘健、谢迁等人恨之入骨的焦芳一直伺机报复。在这紧要关头，焦芳心中盘算开了：去除了刘瑾等“八虎”集团，我并不能得到什么，刘健、谢迁等一干正直官员都不是我的人，也瞧不起我；反之，刘瑾是皇上的红人，如果我与他结盟，他得势后必然给我好处。经过如此权衡，焦芳终于想出了借“八虎”之力替自己报仇雪恨的毒计。他表面上签了字，但立即密报刘瑾。阴险机智的刘瑾大为恐惧，率其余“七虎”连夜赶进皇宫，环跪在正德周围，边叩头不止，边大哭不已。见皇上已有些心动，刘瑾趁机反咬一口：都是司礼监大太监王岳的主意，王岳联合阁臣欲限制皇上出入，所以想先把我们几个除掉，如果司礼监掌权的是皇上您自己的人，内阁等大臣怎么敢这样做呢?[①] 朱厚照听说众大臣要限制他的自由，立即勃然变色，当时就任命刘瑾掌司礼监，马永成掌东厂，谷大用掌西厂，而且连夜抓捕王岳等解送南京孝陵种菜，后杀死在半路上。

次日晨，诸大臣兴致勃勃地入宫早朝，准备伏阙跪奏，大太监李荣出来告知，皇上说刘瑾等从小服侍到现在，不忍立即处理，此事以后再议。一夜之间风云已变，刘健、谢迁、李东阳等人长叹一声，纷纷上表辞官。朱厚照早觉得他们忠言相谏甚是逆耳，便顺水推舟降旨应允刘健、谢迁所辞，为装门面，独将李东阳留用。

就这样，一场反对“八虎”的运动，以“八虎”的最终胜利而告终，焦芳借此剪除了异己，成为这次斗争的最大受益者，四

---

① 《明史·宦官·刘瑾》：“害奴等者王岳。岳结阁臣欲制上出入，故先去所忌耳。且鹰犬何损万几。若司礼监得人，左班官安敢如是?”

天后，以本官吏部尚书兼文渊阁大学士，入阁辅政。这是正德元年（1506）十月的事。不久，刘瑾坐在内廷十二监最重要的一监——司礼监总管位置上，权倾朝野，红极一时，大打出手，大开杀戒，罢免、流放、杀害了一大批异己。

焦芳在关键时刻向刘瑾通风报信，立了“大功”，自然得到刘瑾的赏识，成了实权派人物，从此公然与“八虎”勾结，助纣为虐。[①] 焦芳窃居内阁那几年，“瑾浊乱海内，变置成法，荼毒缙绅，皆芳导之”[②]。投靠了大权独揽的刘瑾后，焦芳更是奴颜媚骨，甘当羽翼，每当遇到刘瑾，言必称“千岁”，自称“门下”，批阅裁决奏章，全都按照刘瑾的意思办。渐渐地，想要贿赂刘瑾的人，都要先贿赂焦芳。

目睹了焦芳所作所为整个过程的兵部武选司主事王阳明，在正德元年（1506）十一月上疏，为抨击宦官专权，要求皇上收回让刘健等人致仕成命的南京户科给事中戴铣等人求情，被刘瑾视作对立面。刘瑾及其同党对一切反对力量均予打击，以期彻底摧毁士大夫们的斗志。戴铣等人尚未“拿解”至京，王阳明就先被投下锦衣卫大狱拷讯了。

大太监刘瑾自是真小人，历史一定会对他做出公正的判决[③]，但焦芳呢？焦芳与那个时代大多数官员一样，是靠读圣贤书，通过科举考试进入公务员队伍，后来当上高级官员大人的呀！焦芳是天顺八年（1464）进士，当过经筵讲官，曾为太子讲读。

为什么？疑问自此横压在王阳明心头，几乎使他喘不过气来。钱穆先生对王阳明到龙场后之所以能够悟道有这样的理解：“他看

---

① 杨正显《觉世之道：王阳明良知说的形成》说是“李氏（李东阳）泄露机密于刘瑾”（北京师范大学出版社 2015 年版，第 24 页），度阴山《知行合一王阳明：1472—1529》说“改变历史的小人物是一个叫钱宁的小太监”（北京联合出版公司 2014 年版，第 32 页）。这里认为两说概不成立。

② 《明史·阉党·焦芳》。

③ 正德五年（1510）八月，刘瑾被凌迟处死。

到朝廷上阉宦柄政，直士遇祸，他从内心深处涌出义愤来……”①

## 第二节 王阳明想到了什么

王阳明在焦芳一手造成的刘瑾事变中，下诏狱，杖四十，谪龙场，后来有平赣闽粤湘边民乱、平藩王朱宸濠之叛、平广西思田少数民族动乱等事功。嘉靖七年十一月二十九日（1529 年 1 月 9 日），王阳明客死江西南安（今江西省大余县），终年五十七岁。

王阳明终其一生，都是想从学术下手，挽救世道人心。阳明心学参悟于“乱臣”（焦芳），实践于“乱民”（赣闽粤湘边、广西思田），确立于“乱王”（宁王朱宸濠）——都有“心中贼”要排除，都可用“良知”做解药。

有人说阳明心学的主要口号是“知行合一”，有人说是“致良知”。其实，“知行合一”就是“致良知”，“致良知”就是“知行合一”。只要识得阳明宗旨，但说哪个都无妨。

“历观中国古代，在太平安宁之时，治哲学的极少，等到乱世，才有人研究。”② 王阳明所处的时代，政情上纲纪废弛，边务上外敌屡次入侵，国内四处爆发农民起义。王阳明觉得当时的社会风气已经陷入了非常令人担忧的境地，忠信、廉洁、朴直和道义等好的品质遭到轻视。王阳明还引用了《论语·阳货》中的话：“乡愿，德之贼也!”乡愿指为了自己的利益，迎合谄媚，见风使舵的伪君子。

我们认为，王阳明为什么会有龙场开悟，离不开他为什么会到龙场。我们还认为，王阳明为什么会有“致良知”这个阳明心

① 钱穆：《王守仁》，商务印书馆 1947 年版，第 39 页。

② 章太炎：《章太炎国学二种》，第三章“哲学的派别”，浙江古籍出版社 2012 年版。

学最高级口号，也离不开他平定藩王朱宸濠之后的心境。

正德十四年（1519）平定宸濠之乱后，王阳明的人生一度跌入惊险莫测的境地。正德十五年（1520）八月，他写下一首《纪梦》[①]，假托晋代忠臣郭璞（郭景纯）梦中向自己示诗来批判王导："世之人徒知王敦之逆，而不知王导实阴主之。"将东晋初名相王导说成是在背后操纵王敦掀起叛乱的奸恶之臣。郭景纯梦中示诗当然属于编造，王导阴使王敦叛乱也不是史实，不少研究者用翔实的资料推断，王导其实是王阳明的四十二世先祖。这就是《纪梦》诗的奇怪之处。日本学者冈田武彦即提出质疑，王阳明身为王家子孙，却假借托梦之举对祖先提出批判，这种行为是不可思议的。[②] 郭景纯的诗只能是阳明自己作的，而不可能是东晋郭景纯所作，为阳明这首怪诗找到注脚，是研究阳明思想的关键。

王阳明作《纪梦》诗的目的，是借郭景纯之口告诉人们，他在谈论当中说到了像所谓王导这样的人。曾辑《阳明先生传纂》的余重耀先生认为，王阳明这是借古讽今，假借托梦来讽刺奸邪谗佞之人。王阳明反复强调他的学问"必有事焉"，那么有没有这样一个具体对象呢？

经研究我们发现，阳明到正德十五年（1520）的生活经历中，遇到与梦中所谓王导官位相当行径类似的，确有刘瑾时期的内阁大学士焦芳。焦芳助刘瑾作乱，阳明则梦见郭景纯告诉他王导阴使王敦作乱，这其中应是对应关系，王敦是指刘瑾，王导则是指焦芳。冈田武彦指出，王阳明是通过这样的方式将自己对武宗身边那群奸佞的义愤吐露了出来。[③] 冈田武彦所说的"武宗身边那群奸佞"，应该不是张忠、许泰，而是之前的焦芳。忠、泰是明处的

---

① 王守仁：《王阳明全集》，上海古籍出版社 1992 年版，第 777—778 页。

② 参见冈田武彦《王阳明大传：知行合一的心学智慧》（上），重庆出版社 2015 年版，第 28 页。

③ 参见冈田武彦《王阳明大传：知行合一的心学智慧》（下），重庆出版社 2015 年版，第 113 页。

真小人，焦芳是暗处的恶小人。

焦芳是当时学风、政风、世风的代表，那些想巴结刘瑾却靠不上前的官员，比比皆是，《明史》指出，当时党附刘瑾的朝廷大臣近八十人，点名道姓的就有六十四人。其中，内阁大学士三人，各部尚书九人，各部侍郎十二人，都察院副、佥都御史共二人，各地巡抚八人，前总督二人，大理寺卿、少卿、丞共四人，通政司通政、参议共三人，太常少卿二人，尚宝二人，府尹一人，府丞一人，翰林侍读、修撰、编修、检讨共四人，吏部郎二人，给事中二人，御史七人，其他郎署监司又十余人。[①] 这些窃取国家名器的高官和焦芳一样，基本上都是进士出身。焦芳固然恶贯满盈，罄竹难书，其他那些也个个都是势利之徒。他们朋比为奸，玩弄权术，党同伐异，陷害忠良，性格狡诈，奸贪邪恶；他们希宠以干进，妄议以希恩，为了向上爬，手段无所不用其极。

由于皇帝荒淫无耻、宦官干政导致政治腐败黑暗，使得伦常败坏，士林道德颓废，寡廉鲜耻，这种现象早在明英宗正统时期就已经开始了。本来，理学大家薛瑄和吴与弼面对科举八股取士的教育和宦官专权的政治，要求重振理学教育，倡导躬行道德实践，以拯救学术空疏和八股教育的时弊。但在英宗复辟后，于谦被害，薛瑄时任大学士，却不敢置一词相救，未能匡扶正义；而崇仁学派的奠基者吴与弼更是投靠权臣石亨，自称门下士，士林皆以为耻。又如成化年间，宦官汪直专权，致使卿佐伏谒，尚书跪见，而这些跪拜阉臣的卿佐，大多是理学名臣。

焦芳一手促成的“诛八虎”失败事件，不论对当时还是往后的朝廷官员来说，都产生了深远的影响，尤其是在政治伦理方面。相较于弘治朝，最大的变化就是士大夫官员们处事毫无是非标准，“心理暗角”浓重道德观念淡薄，国家社会的道德秩序呈现崩解的状况。

---

① 张廷玉等：《明史》，中华书局 1974 年版，第 7839 页。

王阳明为什么非要编排自己的祖先，而不直接说焦芳大学士呢？其一，以前朝代的丞相就相当于明朝的大学士（又称“阁老”），王导与焦芳地位相当，又有王敦作乱和刘瑾作乱事件可类比。其二，如果直接说焦芳大学士，具体到了一个人，就不能把自己看到的当时社会普遍存在的问题说得那么透，也就无法建立自己的学说体系。其三，按照望文生义、对号入座的思维定式，明说焦芳就会带来巨大的麻烦，自己毕竟还要在现实中生存。其四，说梦自然有人不相信，编排自己祖先的不是，更会引起疑问，这就容易把人们的思考引向深入。

王阳明一生之逆境，几乎都和大学士分不开。正德元年(1506)，焦芳造成“刘瑾事件”把阳明弄去了龙场；正德十六年(1521)武宗驾崩，世宗即位召见，杨廷和阻阳明于入京途中；嘉靖七年(1528)，先是杨一清、桂萼阻其回程；嘉靖八年(1529)，又有死后桂萼弹劾其未待朝命擅离职守，讨乱之功不被认可，而且遭到严厉惩罚，阳明学说被斥为“伪学”而遭到严禁。

大学士之名是阳明到死都不能提的，只有把他神秘化，以后王学被禁，再以后又恢复阳明各种待遇，都证明了阳明的高明，因为这些都是只有大学士才能做到的。

明代黄景昉《国史唯疑》[①] 明白地提到了焦芳。当代研究中注意到焦芳在阳明学说中触发作用的是杨行恭。他说，阳明在龙场悟道时，“心镜上，出现了焦芳的音容”，并且意识到“像焦芳这样没脸皮的，又何止一二”；阳明拿焦芳这样的高级知识分子官员和龙场那些善良的普通人做比较，到圣贤的言行中找答案；焦芳们“满肚子诗书”，但“经史子集变为他们狡伪阴邪之术”，而那些善良的普通人，“心中却有正义，行为倒合乎圣贤之言”。终于，阳明悟了，悟出了心即理，悟出了知行合一，悟出了良知

---

① 黄景昉：《国史唯疑》，上海古籍出版社2002年版，第123页。

学说。[①]

表面看来，阳明只是晚年在嘉靖六年（1527）将有两广之行前，应邀为在嘉靖三年（1524）去世的内阁大学士王鏊作传时不经意地提了一下焦芳[②]，但仔细研究我们发现，阳明对焦芳确有“实恶深冤郁结而未暴”，甚至到死“尚怀愤不平”。杨正显也注意到阳明《纪梦》诗中“有如王导地位一般的人”[③]，才是主谋者。他指出，正德元年（1506）“诛八虎”事件的失败，对其人生产生重大影响，而他上疏被贬谪至龙场，是其思想转折的契机。

焦芳这种人为什么知书却并不达理呢？为什么知信而无信呢？在不堪的朝局之中，阳明思考着，为什么满口仁义道德的人，却做出言行不一的事情？为什么政治与学术地位很高的人，却没有办法把持其道德的信念，坚持善恶、是非、义利等传统价值？为什么有人起来对抗歪曲正义是非的行为时，却遭到无情的打击，而无人挺身而出声援呢？士大夫的气节哪里去了？君子何在？往后国家社会的秩序又将如何维持呢？君不君、臣不臣、父不父、子不子，问题的症结到底在哪里呢？现在又该如何挽救国家社会于危急之时呢？[④] 阳明由焦芳所作所为想到的是，知识分子的堕落甚至流氓化是造成朝廷和国家危机的主要根源。“他循着焦芳的人生轨迹，开始了他的探索。”[⑤]

“唯独这切肤之痛，却不能无动于衷”[⑥]，人性的危机，是最

---

① 参见杨行恭《王阳明传奇》，湖北人民出版社 2001 年版，第 126—128 页。

② 参见《太傅王文恪公传》，见王守仁《王阳明全集》卷二十五：“诏补内阁缺，瑾意欲引冢宰焦。众意推公。瑾虽中忌而外难公论，遂与焦俱入阁”，“焦专事媕阿”。

③ 杨正显：《觉世之道：王阳明良知说的形成》，北京师范大学出版社 2015 年版，第 127 页。

④ 参见杨正显《觉世之道：王阳明良知说的形成》第二章小结，北京师范大学出版社 2015 年版。

⑤ 吕峥：《明朝一哥王阳明：典藏修订版》，民主与建设出版社 2015 年版，第 50 页。

⑥ 《传习录中·答聂文蔚》。

大的危机。王阳明决心继承中国哲人“为天地立心，为生民立命，为往圣继绝学，为万世开太平”的道义担当。

## 第三节　王阳明做到了什么

阳明认为，在“保瑾”还是“倒瑾”问题上，焦芳抛却心里知道的“是非对错”，而采取“对自己有利没利”的知行背离的认识和动作，是失去人间良知的行为。

王阳明谪黔，在龙场驿站祭出了“心即理”的心学口号，在贵阳书院讲学时将其平移转换为“知行合一”。平赣闽粤湘边民乱，有“心中贼”概念之生发。平宁王朱宸濠之叛，确立“致良知”之教。回到绍兴讲学，又揭“满街都是圣人”之憧憬。这就是王阳明创立的心学概念链条。

“心即理”“知行合一”“心中贼”“致良知”“满街都是圣人”，乃匡时济世之学，均可称为阳明心学教言，但作为一门学说来讨论，我们这里多称其为概念。

“心即理”“知行合一”是阳明心学的基础性概念，“致良知”是最高级概念。“心中贼”这个连接性概念，是前面两个基础性概念的言说对象，后面最高级概念是解决“心中贼”的对治方法。

“满街都是圣人”是阳明心学的目的性概念，“心即理”“知行合一”“致良知”的目的，就是要达到“满街都是圣人”，从而解决“满街都是小人”的问题。这就是阳明心学的逻辑归宿。

王阳明认为，求官、做官本身并没有错，重要的是有没有为君子之官的心。他将自己讲学的终极目的归结为立志，立“为君子不为小人”之志。立志必须包含社会道德层面的要求，不能一味鼓吹个人成功。

阳明主要是希望朝廷官员能够通过心学修身，成为没有道德瑕疵的人，处事则“明月堂前清风飒飒”，为人则“耿耿心光被于四表"[1]。在阳明看来，以特别有道德上要求的儒学出身的官员，日所孜孜者，应该唯在研求安民之道，件件事情必为治国安民计，而不是千方百计谋取个人私利。

"大人者，以天地万物为一体者也；其视天下犹一家，中国犹一人"——阳明要求官员要为大人不为小人，把国家的事情、别人家的事情当作自己家的事情，把国家的忧患当作自己的忧患，把别人的痛苦当作自己的痛苦，而不是为了自己的利益不择手段。日本里见常次郎就说，"阳明欲矫正天下之人心，使人养成完全之人格。其根本思想即所谓存天理去人欲"，他还说阳明的"致良知"学说，不仅要求普通人"培完全之人格，锻善良之品性"，更主要的是，官员以之为轨，教育以之为旨，学生以之为标，各尽其分，"以世道人心为有形的锻冶"，然后就大同世界、太平人间、国泰民安了。[2]

阳明心学看似是修养身心、磨炼人格的学问，实则救世良方，其目的就是要拯救人心于水火之中，除去弊害，重建秩序社会，重铸良善人格。重建秩序社会主要是形成风清气正的政治局面，重铸良善人格即通过致良知使治理国家（任职政府）的官员养成君子之浩然之气。杜维明即说，阳明心学所体现的政治、社会和文化批判，在权势和金钱之中开拓出一条孟子所谓"富贵不能淫，贫贱不能移，威武不能屈"的康庄大道。[3]

阳明不是一个单纯的哲学家，而是一个洞察当时世相的思想家。杨正显指出，在明代中期，"不论是从'觉君'或是'觉民'的角度来看王阳明的'良知说'与'知行合一'等学说，都是当

① 《里见常次郎·阳明与禅》序，户水宽人识。转引自冯友兰等著《知行合一：国学大师讲透阳明心学》，台海出版社 2016 年版。

② 引文同注①。

③ 参见杜维明著《阳明的人文精神具有坚强的生命力》，见《王学之路》编辑委员会编《王学之路：中国贵阳'99 阳明文化节暨王阳明学术讨论会论文集》，贵州民族出版社 2000 年版。

时的一大警钟，时时刻刻提醒着人们自身的‘心’拥有做主的能力，能够知是知非”。思想要能指明当代的问题并且提出解决之道，这个思想才能吸引人们的目光，才能产生深远的影响。而阳明历经百死千难所得出的“良知说”，正是这样的思想。[①]

如上所述，王阳明的良知学说像孔子的《论语》一样，是培养品德的教材，帮助人完善道德。吕思勉[②]说：“阳明之学，进德极其勇猛，勘察极其深切。”[③] 冈田武彦说，阳明哲学乃“培根之学”[④]。中江藤树说：“心学为由凡夫至圣之道。”[⑤]

人有贤愚邪正之分，事有善恶是非之论，如何去除邪僻之心？阳明指出，“圣人可学而至”——不学习修行，不足以提升心性，明辨事理。学什么？“学以至圣人之道也”。“圣人”的说法太高大上，容易让人无法企及甚至望而却步，所以我们这里常说“好人”。

阳明告诫在北京当官的弟子们，必须先医自己的病痛，才能治疗国家的病痛，所以必须时时致良知，去私欲。

王阳明的教育成效怎么样呢？

正德五年（1510）十一月，王阳明进京入觐，与湛若水、黄

---

① 参见杨正显著《觉世之道：王阳明良知说的形成》前言，北京师范大学出版社2015年版。

② 吕思勉（1884—1957），江苏常州人，字诚之，笔名驽牛、程芸、芸等。中国近代历史学家、国学大师。与钱穆、陈垣、陈寅恪并称为“现代中国四大史学家”（严耕望语）。毕生致力于历史研究和历史教育工作，先后在多所学校任教，曾担任光华大学历史系主任、代校长。早年还曾在上海中华书局、上海商务印书馆任编辑。1951年入华东师范大学历史系任教，被评为历史学一级教授。

③ 《吕思勉·阳明之学》，转引自冯友兰等著《知行合一：国学大师讲透阳明心学》，台海出版社2016年版。

④ 参见冈田武彦著《王阳明大传：知行合一的心学智慧》前言，重庆出版社2015年版。

⑤ 转引自汤恩佳《弘扬“致良知”说的精华》，见《王学之路》编辑委员会编《王学之路：中国贵阳’99阳明文化节暨王阳明学术讨论会论文集》，贵州民族出版社2000年版。

绾三人在北京大兴隆寺会讲，京师中下级官员乃至有些高级官员，以及进京赶考的各地举子纷纷前往听讲。正德六年（1511），王阳明为吏部主事，同僚方献夫时为吏部郎中，位在阳明之上，听了阳明讲课，深自感悔，遂纳礼拜师。[①]

正德八年（1513）十月，阳明到滁州上任南京太仆寺少卿。太仆寺为兵部分支机构，专掌马政。《阳明先生年谱》记载了当时的讲学盛况："滁山水佳胜，先生督马政，地僻官闲，日与门人遨游琅琊、瀼泉间。月夕则环龙潭而坐者数百人，歌声振山谷。诸生随地请正，踊跃歌舞。旧学之士皆日来臻。于是从游之众自滁始。"

正德九年（1514）四月，阳明迁升亦属闲曹的南京鸿胪寺卿掌管宾客仪节，从滁州去南京，诸友送到乌衣渡仍不肯离去，又送至江浦，时已傍晚，就住下来，第二天目送先生过江。就在这一年，薛侃在南京入阳明门下，从学三年，正德十二年（1517）登进士第后，复从先生于赣州三年。

嘉靖初，阳明居越守制赋闲期间，是王学大盛之时，四方来学者日众。至嘉靖二年（1523）后，"环先生而居者比屋，如天妃、光相诸刹，每当一室，常合食者数十人；夜无卧处，更相就席；歌声彻昏旦。南镇、禹穴、阳明洞诸山远近寺刹，徙足所到，无非同志游寓所在"[②]。绍兴已成为讲学中心，常年不散的有三四百人。为了讲学方便，王门功臣、绍兴知府南大吉（字元善）以官方名义，在嘉靖三年（1524）复建稽山书院，增建明德堂、尊经阁，仍容不下日渐增多的求学者。嘉靖四年（1525）九月，王阳明归余姚省祖墓，在龙泉寺中天阁确立会讲制度，使讲学制度化、日常化。十月，弟子们又在绍兴城西门内筹建了私立阳明书

① 《年谱一》："是年（正德六年）僚友方献夫受学。献夫时为吏部郎中，位在先生上，比闻论学，深自感悔，遂执贽事以师礼。"参见王守仁《王阳明全集》卷三十三，上海古籍出版社1992年版。

② 《传习录下·钱德洪附记》。

院。阳明每开讲座，环坐听者常不下数百人，学生每听讲出门，无不跳跃称快。当时，求学者摩肩接踵，阳明迎来送往，月无虚日，致使许多人到了一年多还记不住名字，每当临别，常感慨地说："君等虽别，不出天地间，苟同此志，吾亦可以忘形似矣！"[①]《明史》卷二三一载，在王阳明带动下，正德、嘉靖之际，"缙绅之士、遗佚诸老，联讲会，立书院，相望于远近"，阳明带动了当时社会的讲学风气。

聂豹，江西永丰人，后因徙家双溪（今浙江余杭境内）而自号双江，官至兵部尚书、太子少傅。王阳明在江西时，他从远处遥望过一次，后到山阴问过学，并有书信来往，但没入王门。阳明死后四年，他在苏州刻印先生两封论学书信，后悔当时没拜师，设香案对木牌磕头告师称门生，请当时刚好来苏州的钱德洪、王畿二人为证。汪尚宁（汪周潭）始未信王学，及提督南赣，亲见阳明遗政，乃顿悟，称相见阳明于梦中，谒阳明祠称弟子，并写信给钱德洪、王畿以为证。这种师已逝还拜师的举动，从一个侧面显示了王学之深得人心。

嘉靖五年（1526），弟子刘邦采在安福首创惜阴会，每隔一月聚讲五日，不到一年，参会学者已经百数，而后日益发展。

嘉靖六年（1527）十月，阳明出征广西路过南浦驿（属南昌府），父老军民俱顶香林立，填途塞巷，轿子无法通行，竟被人们从头顶上传到了都司衙门。阳明深为感动，命父老军民就谒，百姓从东门进西门出，有不舍者，出且复入，从上午辰时到下午未时，仍是川流不息。直到接见完了百姓，才举行当地官员常规的迎送仪式。第二天到文庙（学宫）明伦堂讲《大学》，"诸生屏拥，多不得闻"，听者如云，许多人什么也听不见，只是为了感受那种气氛。

阳明殁后，门人之中，有的已是内阁大学士，更多的是各部

---

① 《传习录下·钱德洪附记》。

曹官员。嘉靖九年（1530）五月，薛侃等在杭州天真山建起了可容纳一百多人住宿的天真书院，以宣传王学。嘉靖十一年（1532），大学士方献夫在京城联合学派同仁（多是翰林、科道官员）四十余人，定期在庆寿山房聚会，共倡师学。嘉靖十二年（1533），国子监司业欧阳德与同门或聚会于南京僧寺，或开讲于南京国子监，王学信徒闻风而至。嘉靖十三年（1534），邹守益在南京国子监祭酒任上致仕，与刘邦采、刘文敏等在安福建复古、复真、连山书院，合原来的惜阴会为四乡会传布王学。春秋二季，则一齐往吉安青原山举行大会。王艮在泰州及江北广大地区聚众讲学，硬是创出了一个泰州学派。嘉靖三十二至三十三年间，阳明的再传弟子、聂豹的学生徐阶以大学士职务之便，与欧阳德、聂豹等人讲会于北京灵济宫，王门弟子上千人齐集北京，声势浩大。绍兴的阳明书院，在阳明死后仍有许多学生来居，依依不忍去，巡按御史周汝员加建阳明先生祠，供人们永久瞻仰。嘉靖末期，王学已风行天下。顾宪成曾描述明朝后期王阳明的影响说："正嘉以后，天下之尊王子也，甚于尊孔子。"[①]

内阁首辅徐阶的政治影响力对王学广泛传播具有极其重要的意义。隆庆元年（1567），明穆宗"诏病故大臣有应得恤典赠谥而未得者"，显然是作为首辅与顾命大臣的徐阶的意思。于是多名廷臣上疏："原任新建伯兵部尚书兼都察院左都御史王守仁，功勋道德，宜膺殊恤。"下吏、礼二部会议，得："王守仁具文武之全才，阐圣贤之绝学。筮官郎署，而抗疏以犯中珰，甘受炎荒之谪；建台江右，而提兵以平巨逆，亲收社稷之功。伟节奇勋，久已见推于舆论；封盟恤典，岂宜遽夺于身终？"[②] 在"廷臣多颂其功"的情况下，王阳明被"诏赠新建侯，谥文成"，第二年又"予世

① 顾宪成：《顾端文公遗书·泾皋藏稿·日新书院记》，凤凰出版社2012年版。

② 参见王守仁《王阳明全集》卷三十六《年谱附录一》，上海古籍出版社1992年版。

袭伯爵”[1]。隆庆二年（1568），明穆宗在所颁铁券文书中评价说：“两肩正气，一代伟人，具拨乱反正之才，展救世安民之略。”重得朝廷恤典，标志着王学得到了官方认可。

到万历十二年（1584），在皇帝亲自过问和大学士申时行等人坚持下，阳明的牌位被搬进孔庙从祀，成为明代钦定的四位大儒[2]之一。万历皇帝说：“王守仁学术原与宋儒朱熹互相发明，何尝因此废彼？”孔庙从祀，说明官方已正式承认王阳明学术思想在儒学中的合法地位，王学自此得以合法化和公开化。

国家需要的就是像王阳明这样脚踏实地，这样有真才实学，这样有抱负有作为，这样能安民立政的真儒。入祀孔庙，就是举世公认的圣人。

王阳明的思想理论之所以能站稳脚跟，主要是得力于当时国家社会的需要，因为他思想立论的目的，就是要解决国家社会所面临的诸多问题，重新建立一个道德的社会。现在研究阳明心学甚至传习者众多，或许是因为有人认为当前官场及社会状况与阳明所处时代似可类比，大家想通过发扬阳明心学宗旨而“补偏救弊”，这就是我们重视阳明心学研究的现实意义。

以下我们将按照心即理、知行合一、破心中贼、致良知、事上磨炼、拔本塞源、无善无恶、明德亲民、满街都是圣人这些阳明心学概念的逻辑结构，依次讲述其内在奥义。

---

① 张廷玉等：《明史·王守仁传》，中华书局1974年版。

② 另三位是薛瑄、胡居仁和陈献章。

# 第二讲　心 即 理

焦芳心里不知道“诛刘瑾”的道理是对的吗？当然知道。焦芳为什么与刘瑾暗通款曲使事情陡然生变呢？由于他出于私心抛弃了心里知道的那个对的道理。王阳明发现，“心理暗角”问题是个道德约束和法律条文都管不到的地方，从此他所有的努力都是为了解决“心理暗角”问题，所以首先针对焦芳的行径提出了“心即理”。

## 第一节　缘　　起

王阳明平生经历的第一件大事，就是“诛刘瑾”行动的失败。在这次行动中，身为吏部尚书的焦芳虽然签了字，但他出于私心衡量利弊，当夜将消息透露给了刘瑾，使刘瑾利用和皇帝的特殊关系连夜翻盘，朝廷一干正直官员受到处置，刘瑾大权独揽，焦芳在第四天即升为大学士入阁。这给王阳明的心灵带来了极大震撼。

来到贵州西北万山丛棘中的龙场，王阳明一直在想，身为知识分子高官的焦芳，明知几位阁老和六部九卿大臣提出“诛刘瑾”以明君德的方案是对的，为什么表面上迎合，背地里却以“对自己有利没利”为标准，与刘瑾暗通款曲为自己大捞好处呢？

阳明看到，朱厚照、刘瑾这样的流氓皇帝、蜂蚁君臣，焦芳及其儿子焦黄中这样的流氓官员、虎狼父子，造成了流氓化政治、流氓化社会。教育朱厚照，阳明还没那么大的胆量；纠正社会，阳明也没那么大的力量。培养贤人君子做朝廷官员，或把官员培养成贤人君子，阳明想到了救治时弊的唯一方法：为君子不为小人，是无论什么样的皇帝和民众都会对官员提出的共同要求，而君子化官员队伍既可限制皇帝流氓化，又可防止社会流氓化，如此则可矫正流氓政治，带来清平社会。此等志向是阳明由学者向宗师转变的契机或关键，但他不能明说，只能实做。

《明儒学案·浙中王门学案》所列十八人，布衣出身的只有董萝石一人，进士出身十四人，其中，官至尚书、侍郎、御史等的不在少数；江右王门也大部分是进士出身，甚至有些人官做得很大，如邹守益是南京国子监祭酒，欧阳德为礼部尚书兼翰林学士，聂豹官至兵部尚书，邓定宇是吏部侍郎，邹元标是刑部右侍郎，等等。

邹守益《阳明先生文录序》说："当时有称先师者曰：'古之名世，或以文章，或以政事，或以气节，或以勋烈，而公克兼之。独除却讲学一节，即全人矣。'先师笑曰：'某愿从事讲学一节，尽除却四者，亦无愧全人。'"这段话表明，阳明以为朝廷培育英才为第一要务，其余皆不足挂齿。

以个人之力救治百弊丛生的官场，阳明可谓狂者。他曾总结受到众多谤议的原因，就在于自己有狂者的胸次。狂者胸次即志意高远者的胸怀，阳明以广收门徒、讲学不已受谤于朝中权贵，胡世宁从关心他的角度说"某恨公多讲学耳"①，但他自己面对激烈攻击态度果决："我今信得这良知真是真非，信手行去，更不著些覆藏。我今才做得个狂者的胸次，使天下之人都说我行不掩言也罢。"②

阳明像大多古代读书人一样，读圣贤书，做帝王师，是最高

① 张廷玉等：《明史·王守仁传》，中华书局1974年版。

② 《传习录下·钱德洪录》。

理想，既然做不了帝王师，就决心培养贤人君子给帝王用。弘治十七年（1504）八月，主考山东乡试，所出试题均与国计民生有关，其中借《人君之心惟在所养》论题，完整阐述了君王与贤人君子的关系。他认为，人君之心也会流于私、入于邪、溺于恶，“惟有贤人君子以为之养”。贤人君子的义理之学，足以克其私心；刚大之气，足以消其邪心；正直之论，足以去其恶心。“扩其公而使之日益大，扶其正而使之日益强，作其善而使之日益新”，只有贤人君子这样的“匡直辅翼”之道，才使君王“养其心者有所赖”。但贤人君子并不容易得到，柔媚者近于纯良，凶险者类于刚直，所以往往正直的人被排挤贬斥，邪佞的人反而得到提拔晋升，君王一定要“慎释而明辨，必使居于前后左右无非贤人君子，而不得有所混淆于其间”。即使君王得到了贤人君子，也还要讲究相处之道，耿直者难从，谄谀者易入，拂忤者难合，阿顺者易亲，搞不好，君王得不到君子的养之以善，却得到了小人的养之以恶。“故夫人君之于贤士君子，必信之笃，而小人不得以间；任之专，而邪佞不得以阻”。君王起居动息，都是和贤人君子相处，就可以私者克而心无不公，邪者消而心无不正，恶者去而心无不善，“然后可以绝天下之私，可以息天下之邪，可以化天下之恶，可以兴礼乐修教化，而为天地民物之主矣”。[①] 以贤人君子养君心泽庶民，是阳明的美政理想。

有一点务必要清楚，阳明所说的学者，主要是指准备应考出仕的学者，有些甚至就是在职官员。阳明要求这些学者必须依良知行事，他给他们上的是德育课：“某于此良知之说，从百死千难中得来，不得已与人一口说尽。只恐学者得之，容易把作一种光景玩弄，不实落用功，负此知耳！”这样的话，对纯学者讲意义不大。

考诸阳明言说种种，并不放之四海而皆准，但只要落在教育

---

① 引文均见王守仁《王阳明全集》，上海古籍出版社 1992 年版，第 856 页。

官员上，无不句句实落，而一旦离开了官员培训教材这一规定性，很多话都让人如堕五里雾中，摸不着头脑。事实上，中国古代经典，如“四书”“五经”都主要是用来教育官员的。《大学》者，大人之学也；大人者，官员也；官员者，要以天地万物为一体，视天下犹一家、中国犹一人，若以形骸为间隔，因之而分你我，便是“小人”了。这是所有中国古代哲学家共同的思想指归。阳明心学所谓“心”，虽然也指认知之心，但从根本来说还是指道德之心；被阳明夸大为万物本源的“心”则不是认知之心，而就是道德之心。阳明特别强调《孟子》所谓“格君心之非”，更普遍的意义就是“格官心之非”。

在明代统治者营造的不入官场就不能实现任何抱负，就是自暴自弃，入官场就必须上“御用朱子学生产线”的现实环境下，王阳明从不以为官场是什么好地方，所以他不以不得第为耻，但又绝不甘于自暴自弃，所以三试而为进士。他的做法是，游于官场而不贪恋官场。他骂焦芳群小蝇营狗苟于官场，贪得无厌而不顾廉耻；他赞南大吉不恋仕途、不冀显位，荣辱任之而唯喜闻道。

嘉靖五年（1526），南大吉在绍兴知府任上入觐朝考被黜后，给阳明写了一封千数百言的长信，竟没有一字谈及得失荣辱，内容都是探讨学问的，唯以闻道为喜，以死后不得为圣人为忧，阳明读后赞其为“真有朝闻夕死之志者”。回信中，阳明批评了那些迷恋官场的士人，赞扬了那些真能“捐富贵，轻利害，弃爵禄”的高亢通脱之士，相信“变其气节为圣贤之学”的南大吉这样的人，可以带动风气好转。[1]

在赣州当政的时候，访得赣县致仕县丞龙韬，平素居官清谨，遂致退休后贫乏不能自存，一些浅薄鄙陋之徒反相讥笑。阳明气愤地说：“夫贪污者乘肥衣轻，扬扬自以为得志，而愚民竞相歆

---

① 引文均见《答南元善》，见王守仁《王阳明全集》卷六，上海古籍出版社 1992 年版。

羡；清谨之士，至无以为生，乡党邻里，不知以为周恤，又从而笑之；风俗薄恶如此，有司者岂独不能辞其责……是亦有司者之耻也。”当即要赣州府措置官银十两、米二石、羊酒一副，送到龙韬家里，并要赣县官吏岁时常加存问，量资柴米，毋令困乏，还要当地官府晓谕远近父老子弟，“务洗贪鄙之俗，共敦廉让之风”，意在用行政方法鼓励、奖赏官员做贤人君子。[①]

阳明是怎样为朝廷培养官员的呢？

正德十二年（1517）五月，在写信祝贺五门生中进士的同时，阳明接着就对这几个行将做官的弟子提出了忠告。嘉靖四年（1525），他在写给弟子的信中说：“昔人谓：‘做官夺人志。’若致知之功能无间断，宁有夺志之患耶？”[②] 嘉靖六年（1527）正月，阳明致书当时在家养病，但即将起复进京做官的黄绾：“人在仕途，比之退处山林时，其工夫之难十倍，非得良友时时警发砥砺，则其平日之所志向，鲜有不潜移默夺，弛然日就于颓靡者。”他十分重视门生在官场上能否坚持操守，要求黄绾与另一京官门人黄诚甫（黄宗明），“必须预先相约定，彼此但见微有动气处，即须提起致良知话头，互相规切”。他寄希望于门生能够带动学风政风好转：“今天下事势，如沉疴积痿，所望以起死回生者，实有在于诸君子”，“诸君每相见时，幸默以此意相规切之，须是克去己私，真能以天地万物为一体”[③]。赴广西途中，他还写信教导做了为皇上讲经高官的方献夫怎样为臣辅君：“今日所急，惟在培养君德，端其志向。于此有立，政不足间，人不足谪，是谓‘一正

① 参见王守仁《优奖致仕县丞龙韬牌》，《王阳明全集》卷十六，上海古籍出版社1992年版。

② 《与王公弼·二》。转引自钱明著《阳明学的形成与发展》，江苏古籍出版社2002年版，第317页。

③ 引文均见《与黄宗贤》，见王守仁《王阳明全集》卷六，上海古籍出版社1992年版。

君而国定’。”①

阳明育人的效果怎么样呢？

“诸生每听讲出门，未尝不踊跃称快，以昧入者以明出，以疑入者以悟出，以忧愤愊忆入者以融释脱落出”，“凡在门墙者，不烦辞说而指见本体，真如日月之丽天，大地山河，万象森列。阴崖鬼魅，皆化而为精光；断溪曲径，皆坦而为大道。虽至愚不肖，一触此体真知，皆可为尧、舜”②。弟子对业师已奉若神明。

“举世困酣睡，而谁偶独醒？疾呼未能起，瞪目相怪惊。反谓醒者狂，群起环斗争。洙泗辍金铎，濂洛传微声。谁鸣涂毒鼓，闻者皆昏冥。嗟尔欲奚为？奔走皆营营。何当闻此鼓，开尔天聪明！”③ 悲天悯人的救世情怀，并不为当权者所理解，但阳明决心把这圣贤事业坚定地做下去。

研究阳明弟子事迹可以发现，无论职位高低，他们基本都是淡泊名利、笃志学问、冰蘖自持、不阿不党的好官。明末清初大儒孙奇逢称赞《客座私祝》的几句话，很能说明阳明的育人效果：“《私祝》数语，严切简明，直令宵人辈立脚不住。其子弟贤，当益勉于善；即不贤，或亦不至大坏极裂，不可收拾。”④ 想要进入官场或已经就是官员的士子，经过阳明这种教育培训，原本就是好人的，将会更好，原本不是好人的，也坏不到哪里去了。

① 王守仁：《答方叔贤》，见《王阳明全集》卷二十一，上海古籍出版社 1992 年版。

② 钱德洪：《刻文录叙说》，见王守仁《王阳明全集》卷四十一，上海古籍出版社 1992 年版。

③ 王守仁：《月夜二首》其二，见《王阳明全集》卷二十，上海古籍出版社 1992 年版，第 782 页。

④ 孙奇逢：《客座私祝跋》，见王守仁《王阳明全集》卷四十一，上海古籍出版社 1992 年版。

## 第二节 王阳明开出对治世病的药

阳明心学是因官场现实而起意，然后再从学术上展开去。了解了这一点，我们才能够准确把握其良知学说的来龙去脉。

办班就得有培训教材，上品德课就要有德育教科书，面对“世病之症结”[①]，王阳明是怎样开药的呢？他开出了怎样的药方呢？

“心即理”说，“知行合一”和“致良知”论，都是阳明针对焦芳们心理不一、知行分裂行径开出的对病的药。

王阳明是怎样开出心学第一剂药“心即理”的呢？

谪官龙场，居夷处困，动心忍性之余，恍若有悟，体验探求，再更寒暑，证诸《五经》《四子》，沛然若决江河而放诸海也。[②]

这是阳明自己解释心学来由最重要的一句话。这句话的逻辑是，他在龙场先“恍若有悟”，即他先悟出了“心”这面镜子，这个规矩，这把尺子；然后仍不断“体验探求”，又经过一年对《五经》等典籍的求证，最后确信“心即理”说是放之四海而皆准的真理。这就是后来学者所说的“龙场悟道”。“龙场悟道的基本结论实质上就是‘心即理’。”[③]“龙场悟道是阳明一生思想发展的最重要的转变。他正式确立了非理性主义的思想方法和主观唯心主义世界观，以后阳明思想的发展只是在此基础上的进一步系

---

① 《吕思勉·阳明之学》，转引自冯友兰等著《知行合一：国学大师讲透阳明心学》，台海出版社 2016 年版。

② 王守仁：《〈朱子晚年定论〉序》，见《王阳明全集》卷三，上海古籍出版社 1992 年版，第 127 页。

③ 陈来：《有无之境：王阳明哲学的精神》，人民出版社 1991 年版，第 24 页。

统化、完善化。"[1] 龙场悟道"是他在当时条件下对人性的自觉，对人的内在力量的真正体验"[2]。

世之学者，率多娼嫉险隘，不能去其有我之私，以共明天下之学，成天下之务，皆起于胜心客气之为患也。[3]

这是阳明又一次提述心学来由时，让人们准确理解第一剂药要治什么病的一句话。"世之学者"在这里主要指政府官员。"娼嫉险隘"即险要关头、关键时刻或说大是大非面前，出于妒忌心理来思考和处理事情。"有我之私"即凡事先替自己考虑，先考虑自己有利没利。"天下之学"即广泛通行于天地人间的大道正理。"天下之务"这里可径直理解为中央朝廷及地方政府有关国计民生的事务。"胜心"就是争强好胜之心。"客气"在这里是说讲场面话，不吐真言。妒忌心理是因为好胜心太强，凡事先考虑自己有利没利，就会言行不一，表面一套背后一套。而当时大多有这些通病的"世之学者"，每个人心里都是知道是非对错的，所以阳明提出"心即理"，要求官员大人们在所有事情，尤其是大是大非面前，心里觉得对的，就去做那对的，心里觉得错的，就不去做那错的。"心即理"是道德要求。

阳明之言，鞭辟入里，单刀直来，凌厉无前。当时理解阳明学问的人很少，不理解的很多。王阳明的讲解几乎牵涉了所有儒学典籍并旁及佛道，儒学典籍之宏富本来就为普通人所难掌握，再加后世研究又多陷于朱陆异同、朱王之辩而无法自拔，也把一般读者带入了泥淖。除了他的弟子和研究者之外，更少有人能弄懂他的学问。即使弟子，由于对本体和功夫各有偏重，王阳明身

---

① 方尔加：《王阳明心学研究》，湖南教育出版社1989年版，第48—49页。

② 邓艾民：《朱熹王守仁哲学研究》，华东师范大学出版社1989年版，第91—92页。

③ 王守仁：《程守夫墓碑》，见《王阳明全集》卷二十五，上海古籍出版社1992年版，第943页。

后又分成现成派、归寂派和正统派，三派分歧很大。阳明心学研究越到后来越复杂，越失去了阳明简易直截的本意。当代语言环境不同了，语言表达方式变化了，人们一般很难理解阳明那种语言表述和哲理逻辑，所以直至现在，阳明学说也不是很普及。

王阳明饱读诗书，知识渊博。阳明的学术展开是在与人辩驳中实现的。为了回答学生提问和社会质疑，他不得不由朱熹而陆九渊，再有周敦颐及程颢、程颐，又上至孟子，再上至尧、舜、禹，其间还通过湛若水而溯至陈白沙，于是又有娄谅，又有吴与弼，几乎牵涉了整个中国哲学、理学，最后断言圣人之学为心学。为了将整个中国哲学、理学纳入自己的心学体系，阳明谈话机锋连连，甚至偷换概念、断章取义，故意曲解前贤原意也在所不惜。只要深入理解他为挽救世道人心的良苦用心，就知道他对一些质疑“委屈调停”，“不得已”而有强词夺理之处均情有可原。

关于阳明心学研究的论说，就目前所见，多为《王阳明全集》所载材料的复述、释义或整理，文学、戏说、演义亦有之，真正跃上一层透彻了解阳明心学而又有自己发明的首推梁启超①、梁漱溟②两家。梁启超有《王阳明知行合一之教》专著，真正是大师

① 梁启超（1873—1929），广东新会人，字卓如，一字任甫，号任公，又号饮冰室主人、饮冰子、哀时客、中国之新民、自由斋主人。清朝光绪年间举人，中国近代思想家、政治家、教育家、史学家、文学家。戊戌变法（百日维新）领袖之一，中国近代维新派、新法家代表人物。他倡导新文化运动，支持五四运动。其著作合编为《饮冰室合集》。

② 梁漱溟（1893—1988），蒙古族，原名焕鼎，字寿铭。曾用笔名寿名、瘦民、漱溟，后以漱溟行世。原籍广西桂林，生于北京。因系出元室梁王，故入籍河南开封。中国著名思想家、哲学家、教育家、社会活动家、国学大师、爱国民主人士，主要研究人生问题和社会问题，现代新儒家的早期代表人物之一，有“中国最后一位大儒家”之称。

之作。梁漱溟有批评指摘谢无量[①]《阳明学派》一书的文章《阳明宗旨不可不辨》[②]，直接指出需要学习的后天知识等“都为良知所不能知”。他的“迎拒力”之论，真正对阳明良知万能，尤其对善恶是非有识别之用的观点提出有力的挑战。阳明的“知行合一”是对人尤其是官员的道德要求，谢无量理解阳明知行合一之范围“仅限于人事而不及自然界”的观点，也受到梁漱溟有力的反驳。只是两人的研究都还不够全面。这些都另当别论，此不能详。

总的来说，阳明心学肯定渊源于孔孟之道。但我们认为，王阳明的学说都是他自己的发明，不过既是学界中人，讲什么就要有个出处，有个根据。于是他潜心苦思，重新研究阐释古籍经典义理，并发见了新理。“心即理”是他自己为“世病之症结”所发明，只是讲论中谈到陆九渊也说过此类的话。“知行合一”也是他为“补偏救弊”所发明，只是讲论中谈到朱熹对《大学》的解释分知行为二。“致良知”还是他发明的简易直截的对病的药，只是讲论中谈到《孟子》的良知良能和《大学》的致知。日本冈田武彦即说：“这些主张其实都围绕着一个宗旨，那就是要彻底清除潜伏在人心中的不善之念，如果忽视了这一点，就会违背王阳明的本意，也会生出很多弊害。”冈田武彦还指出，“王阳明的追随者都违背了王阳明的本意……因为他们只相信良知的完美，而忽视了修行”。

我们认为，少谈朱熹，少谈陆九渊，直切主旨就能把阳明心学说清楚。

---

① 谢无量（1884—1964），四川乐至人。原名蒙，字大澄，号希范，后易名沉，字无量，别署啬庵。近代著名学者、诗人、书法家。1901年与李叔同、黄炎培等同入南洋公学。清末任成都存古学堂监督。民国初期在孙中山大本营任孙中山先生秘书长、参议长、黄埔军校教官等职。之后从事教育和著述，任国内多所大学教授。新中国成立后，历任川西博物馆馆长、中国人民大学教授、中央文史馆副馆长。在学术、诗文、书法方面都允为一代大家。

② 参见冯友兰等著《知行合一：国学大师讲透阳明心学》第五章，台海出版社2016年版。

## 第三节 “心即理”释义

阳明以为，如果掌握公权力的官员遇事只考虑自己有利没利，那一定会是非不分，造成黑白颠倒的社会。当务之急，就是恢复道德的秩序，让“君子道长，小人道消”。起点就从每个人的心中做起，使每个人都成为“君子”。这就是阳明要汲汲于提倡心学的原因，这就是阳明心学的逻辑起点，就是我们称阳明心学为救世哲学而非理论哲学的根由。

心学，就是在自己内心做功夫。万事万物的理，不在我心外。

“心即理”——天理在我心。这也不是什么大道理，老百姓人人都知道，为什么还要王阳明去龙场悟道？王阳明为什么煞有介事地隆重推出？就是因为以焦芳为代表的知识分子官员队伍积重难返的现实，进而形成了浇薄的社会风气。

《阳明先生年谱》并没有明确提及“心即理”，只是说“圣人之道，吾性自足，向之求理于事物者误也”。“圣人之道，吾性自足”就是“心即理”，“性”是本性本心，“道”是人生大道正理，人的内心与生俱来就能辨别是非善恶，所以一切道理都在自己心上，这就是“心即理”。比如孝顺父母，如果孝顺这个道理在父母身上，倘若父母去世了，难道孝顺的道理就消失了？可见孝顺的理一定存在于自己心里。

阳明论学，一是取诸经书，一是取诸生活。他最爱举的例子是君臣父子、忠义孝悌、洒扫应对，随取做喻，每多震骇。

“心即理”，那颗自能判断是非善恶的心，就是天理所在。“心即理”，即知至善在我心，只要志有定向，心离人欲，清净无垢，就能在工作生活、社会交际上维持道德，维持伦理。

阳明曾对弟子说：“诸君要识得我立言宗旨，我如今说个‘心即理’是如何？只为世人分心与理为二故（口是心非，说一套做一套)，便有许多病痛。”[1] 焦芳表面一套背地一套（“分心与理为二”），在大是大非面前，只想着对自己有利没利，而使“诛刘瑾”行动一夜之间功亏一篑，造成朝廷诸多正直官员的凄惨命运和朝政的荒淫混乱（“便有许多病痛”）。谢无量即谓“阳明之说，盖应于时势之新要求，有不得已者焉”，“实将以矫一时之弊”[2]。

人对事物的第一反应表明，人的内心里原本就知道什么是对的，什么是错的。不遵行对的去做，乃是出于私欲。人只要秉承心里知道的对的去做，事情就公允了，人间就少冤枉了。

“心即理”说的立论宗旨，是希望世人心理合一、言行合一，反对遇事耍手段、玩套路、挖坑、演戏、投机，要求使明辨是非、行是弃非成为人们普遍的思想和行为状态。心存善念，必有善行，善念善行，必成好人。

阳明说：

此心无私欲之蔽，即是天理，不须外面添一分。以此纯乎天理之心，发之事父便是孝，发之事君便是忠，发之交友治民便是信与仁。[3]

孝、忠、信、仁都在自己心中，心没有让私欲蒙蔽，就充满了这些天理。用这颗纯正的心，表现在父子关系上就是孝，表现在君臣关系上就是忠，表现在交友和治理百姓上就是诚信和仁德。如果心被私欲所迷惑，就会生出些歪理，像演戏一样地当面是人背后是鬼，那就是为人不齿的“两面人”。要想做到心与天理的统一，只要在自己心中下功夫去掉私欲、存养天理就好了。有人问为什么孔子用“思无邪”来概括《诗经》三百篇之主旨，阳明

① 《传习录下·黄以方录》。

② 《谢无量·阳明之伦理学》，转引自冯友兰等著《知行合一：国学大师讲透阳明心学》，台海出版社 2016 年版。

③ 《传习录上·徐爱录》。

说，何止《诗经》三百篇，整个六经用这句话都能概括贯通，甚至古往今来一切圣贤的言论，一句“思无邪”也能概括贯通。[1]“心即理”就是强调心要正，心正一切皆正。

阳明在论述“心即理”时，又使用了“心外无物”“心外无事”“心外无理”及“万物一体”几个辅助性概念。这几个概念又主要是“心外无物”，其他几个都由“心外无物”派生和衍生。

“心外无物”是“心即理”衍生出来的一个非常重要的概念，它突出反映了王阳明的主观唯心主义。阳明的“四句理”是对“心外无物”最简洁的论述：“身之主宰便是心，心之所发便是意，意之本体便是知，意之所在便是物。”[2] 身体靠脑袋指挥，心中所想便是行动起意，诚其意达到本体良知（起意时本身知是知非），心中想什么，什么就是需要我致良知的物。岩中花树之问是王阳明诠释“心外无物”最漂亮的论说：

先生游南镇，一友指岩中花树问曰：“天下无心外之物，如此花树，在深山中自开自落，于我心亦何相关？”先生曰：“你未看此花时，此花与汝心同归于寂。你来看此花时，则此花颜色一时明白起来。便知此花不在你的心外。”[3]

“心外无物”其实就是万物一体，天地万物依我们的心而存在，没有我们的心去看，天高地厚就不存在。我们为什么能感应到万物？因为我们内心深处有良知。万物一体，就是万物即我心，我心即万物。阳明认为，只要从感应征兆上看，人心就与物同体。孟子看到小孩在井边玩耍就担心，是自己和别人一体；我们看到杀鸡杀鸭血淋淋的样子而心碎，就是自己和鸡鸭同体。不能和万

① 《传习录下・黄省曾录》。

② 《传习录上・徐爱录》。

③ 《传习录下・黄省曾录》。

物一体的人，就是不仁的人。你意识到的事和做的事，都是心主使你做的，如果你心不动，就没有任何事，所以说“心外无事”。王阳明其实是告诫人们，对天下万事万物不要都去动心，不要总让内心有太多事，尤其是权势名位、声色货利。有孝敬父母的心就有孝敬的理，没有孝敬父母的心就没有孝敬的理了；有忠君的心就有忠的理，没有忠君的心就没有忠的理了——理怎么会在我心之外呢？不可以在心外寻求仁，不可以在心外寻求义——难道可以在心外寻求理吗？是知万事万物之理，都不外于我心。

心是身的主宰。眼睛虽然能看，但让眼睛看到的是心；耳朵虽然能听，但让耳朵听见的是心；口与四肢虽然能言能动，但让口与四肢能言能动的是心。所以，要修身，就需要到自己心体上去体悟，常保持心体的廓然大公，没有丝毫不中正之处。身的主宰中正了，表现在眼睛上，就会不合于礼的不看；表现在耳朵上，就会不合于礼的不听；表现在口和四肢上，就会不合于礼的不言不行。[①]

南宋陆九渊（因讲学于象山书院，而被称为象山先生）即主张“心即理”，那么，王阳明的“心即理”是否从陆九渊那里得来呢？当然不是，因为王阳明论述的很多东西，陆九渊根本未曾提及。他是通过自身经验得出的。王阳明也从来没有说自己沿袭的是陆学。陆九渊只在《与李宰》[②] 书中谈过一次“心即理”，但并未将其作为讲学口号。谢无量“本承象山”、吕思勉“远承象山之绪”，都无足为凭。当阳明时，朱子学方盛行，陆学根本不盛行，他跟陆九渊之学没有师承关系。再读过《陆九渊集》就可以知道，朱熹、陆九渊、王阳明三人学问的根底同源于儒家经典，特别是“四书”“五经”，三人学问的功夫都在于他们各自对儒家经典特别是“四书”“五经”的解释。至于王阳明因自己的观点

① 《传习录下·黄以方录》。

② 陆九渊：《与李宰·二》，见《陆九渊集》卷十一，中华书局1980年版。

与陆九渊相近而“是陆非朱”，则应另当别论。

陆九渊所处的南宋时期，社会主要矛盾是外来侵略，经有宋以来两百余年养士，以文天祥为代表，士风刚健，忠义之风尚存。王阳明所处的明中后期，汉族士大夫文化经元朝近百年摧折，再加朱元璋废相集权以来百多年打压，以焦芳为代表，士人精神被阉割殆尽，士风浇薄，士人普遍陷入了犬儒主义。陆时尚有君子儒，王时太多小人儒。陆王“心学”同为“因读《孟子》而自得之”[①]，王阳明谈的那些内容，很多陆九渊也谈过，但陆没有经历过焦芳那样的事，所以言辞没有那么犀利，不似王学那么有针对性，那么剀切，直指人心。陆学口号亦不甚明确，概主要以“先立乎其大者”为口号，兼谈“切己自反，改过迁善”，“宇宙便是吾心，吾心即是宇宙”，也多谈孔夫子的“为仁由己”。

朱熹与陆九渊同时，陆九渊主张“心即理”，朱熹则排斥“心即理”，主张欲穷理，必先格尽心外之物，同时还要对内心“居敬存养”。朱子认为，因为心中难免有不纯的东西，所以不可以说“心即理”。如果以心作为天理，那么，心中的不纯物也会成为天理。因此，需要进行严格的修行来净化内心，即“敬”。朱陆有“鹅湖之会”，陆九渊批评朱熹的学说醉心于追求心外事物之理，朱熹则批评陆九渊的学说是向内求理，流于禅学，陷入虚妄。

《年谱》所谓“向之求理于事物者误也”，是指朱熹对《大学》中“格物”的解释。王阳明讲学的第一篇记录即《徐爱录》，徐爱第一问，即问阳明先生的见解似与朱子对《大学》的解释相违背，这应该如何理解？阳明在为徐爱讲“心即理”时，即论述了自己对《大学》格物解释与朱子的不同。

“格物”是儒学的根本。朱熹在《大学章句》中将“格物”的“格”解释为“至”，“物”解释为“事”，“格物”就是穷至

---

① 陆九渊：《语录下》，见《陆九渊集》卷三十五，中华书局1980年版。

事物之理。[1] 王阳明则由《尚书》"格其非心"、《孟子》"大人格君心之非"，训"格"为"正"，"格物"即"正心"，正心之不正，使其归正为格物。"格物，如《孟子》'大人格君心'之'格'，是去其心之不正，以全其本体之正。"[2] 去掉人心的不正，以保全本体的平正，而且在意念上就要去除歪邪以保全平正，即无时无处不是存天理，也就是穷理。他说，"天理"就是《大学》里讲的"明德"，"穷理"就是"明明德"。朱熹是格天下万事万物，格一物明白一物的理，格得多，格得深，万理汇成一理。王阳明是格心中的念头，让心变得纯正，自然得到所有正理。

《答顾东桥书》中有一段不同意朱子"即物穷理"说，而树立阳明自己"心即理"说的论述甚精彩：

> 朱子所谓"格物"云者，在即物而穷其理也。即物穷理，是就事事物物上求其所谓定理者也。是以吾心而求理于事事物物之中，析"心"与"理"而为二矣。夫求理于事事物物者，如求孝之理于其亲之谓也。求孝之理于其亲，则孝之理其果在于吾之心邪？抑果在于亲之身邪？假而果在于亲之身，则亲没之后，吾心遂无孝之理欤？见孺子之入井，必有恻隐之理，是恻隐之理果在于孺子之身欤？抑在于吾心之良知欤？其或不可以从之于井欤？其或可以手而援之欤？是皆所谓理也，是果在于孺子之身欤？抑果出于吾心之良知欤？以是例之，万事万物之理，莫不皆然。是可以知析心与理为二之非矣。

朱熹所说的格物，就是在事物中穷究物的理，即物穷理是从万事万物中寻求其原本的理。这是用我的心到各种事物中去求理，

---

① 朱熹《大学章句》释"致知在格物"原文："致，推极也。知，犹识也。推极吾之知识，欲其所知无不尽也。格，至也。物，犹事也。穷至事物之理，欲其极处无不到也。"参见《四书章句集注》，中华书局 1983 年版。

② 《传习录上·徐爱录》。

这样就把心和理一分为二了。在万事万物中探求理，如同在父母那里求孝的理。在父母那里求孝的理，那么孝的理究竟是在我的心中，还是在父母的身上呢？如果真的在父母身上，那么，父母去世后，孝的理在我心中不就消失了吗？看到小孩子掉入井中，心中必定有恻隐的理。这个恻隐的理究竟是在小孩子身上，还是出于我内心的良知呢？或许不能跟着小孩子跳入井中，或许可以伸手去救援，这都是所说的理。这个理到底是在小孩子身上，还是出于我内心的良知呢？从这些例子可以看出，万事万物的理都是如此。由此可见，把心和理一分为二是错误的。

当时，朱子理学为国学，朱熹门徒遍天下，政治环境和社会环境都不允许王阳明从学理上撇开朱熹另起炉灶。

须知，阳明提出“心即理”是针对社会现实，而非针对朱子。他是针对社会现实提出了“心即理”，然后在与人论说中讲述了自己与朱子的不同。阳明主观上并没有与朱学作对的故意，客观上造成了与朱子的对立，也是不得已的事。

王阳明考进士时的副主考程敏政有《道一编》六卷，认为“朱陆二氏之学，始异而终同”。为了减少朱子学者对自己所创学说的抨击，王阳明断章取义，从朱熹晚年写给二十四人的三十四封信中各选取一段，编成《朱子晚年定论》，用他的心学思想来解释，试图证明朱熹晚年的思想才是他真正的思想，而这一真正的思想与他的心学相一致。不能单纯以探讨“朱陆异同”的观点来看待《朱子晚年定论》，而是必须参照阳明所处时代国家社会的现实问题，才能真正理解此书的意义。人谓程敏政《道一编》发王阳明《朱子晚年定论》之先声。

# 第三讲 知行合一

“心即理”主要解决了“知”的问题，心知是知非，知对知错，是非对错的理，都在自己心里。王阳明看到现实中却有人知是而行非，知对而就错，造成许多黑白颠倒的事情，所以接着就特别提出“行”的问题。龙场悟道第二年，在贵阳书院，他开始讲“知行合一”。“知行合一”是阳明心学的发用性教言，梁漱溟即认为“知行合一之论自是纠正时人错误而发”，“知行合一论是要人去致知”①。心理统一为本体，知行并进是功夫。

## 第一节 缘 起

在龙场时，贵州提学副使席书曾经向王阳明请教过朱陆异同的问题，但他当时并没有直接回答，而是和对方谈起了知行合一论。避而不答，说明朱陆异同在阳明心里并不重要，焦芳等行为才重要。他极力论证知行合一的目的就是让人们知道：一念发动便是行了，必须克掉由私欲形成的恶念。“某今说个知行合一，正是对病的药。”② 对谁的病？就是对焦芳这种人的病。冈田武彦对此即理解为“王阳明提出‘知行合一’说，是为了帮助世人脱离

① 《梁漱溟·阳明宗旨不可不辨》，转引自冯友兰等著《知行合一：国学大师讲透阳明心学》，台海出版社2016年版。

② 《传习录上·徐爱录》。

偏弊”，王阳明自己也一再说“此须识我立言宗旨”。谢无量说：“阳明所谓‘知行合一’之内容，即在一念发动之瞬，而决行为善去恶之功夫。若恶念偶起，不能使之退除，复身行之，此便是过，背于‘知行合一’之主旨矣。”[①] 第二年应席书聘到贵阳书院讲学，王阳明主要就是讲“知行合一”。

周月亮注意到了焦芳对阳明知行合一思想的触发作用，他对席书到龙场讨教朱陆异同，阳明不正面回答，却直接开讲自己新悟的心境界，有这样的理解：“那些高头讲章因不能落实到日用的‘行’上，已造成了全体士林的表里不一；像焦芳那样的奸狡小人，也居然能入翰林当阁臣，就因为知行之间的缝隙大得可以让任何坏人钻入国家的任何岗位，窃取神圣名器。必须坚持知行合一的修养法门，每个人都能从我做起，恢复真诚的信仰，用‘行’来说话，用‘行’来做检验真伪是非的标准，才有指望能刷新士林道德，恢复儒学的修己治人的教化真功。”[②]

阳明提出知行合一论，确是想纠正当时知行分裂的士风世风，从而挽救世道人心，他要人们下功夫真知真行。梁启超认为，真知真行在“动机纯洁”四字。动机纯不纯洁，自己的良知当然会看出，这便是知的作用。看出后，立即绝对地服从良知的命令去做，务要常常保持纯洁的本体，这便是行的作用。“阳明知行合一说的大头脑，不外如此。”[③] 阳明一生千言万语，说的也都是这件事。“良知本体，原是即知即行”，既然知道什么是对，什么是错，就要去做那对的，不去做那错的。知是知什么？知是知善。行是行什么？行是行善。合一是合什么一？合一是合“至善”的一。

---

① 《谢无量·阳明之伦理学》，转引自冯友兰等著《知行合一：国学大师讲透阳明心学》，台海出版社 2016 年版。

② 周月亮：《王阳明内圣外王的九九方略》，中华工商联合出版社 2002 年版，第 156 页。

③ 《梁启超·王阳明知行合一之教》，转引自冯友兰等著《知行合一：国学大师讲透阳明心学》，台海出版社 2016 年版。

王学不是从学术到学术，而是从现实到学术，这样来看才会不冤枉朱子而更符合阳明本意。席书朱陆异同之问，阳明避而不答学术问题，而是直指现实问题关键，告之以“知行合一”，就是强有力的证明。阳明学的知行观、良知说及全部内容，都不是认识论，而是道德修养论。“今天下之不治，由于士风之衰薄；而士风之衰薄，由于学术之不明；学术之不明，由于无豪杰之士者为之倡焉耳。”[①] 这里，阳明明确指出了当时社会现实情况的逻辑关系，以及自己学术理论的出发点。

来到龙场，阳明心中总是出现焦芳那贪婪邪恶、利欲熏心的丑陋面目，他将饱读经书但阴狠成性的焦芳们，与那些识字不多却心地善良的本地夷人做比较，悟出了“圣人之学，心学也”[②]的道理，乃以默记“五经”之言证之，莫不吻合，独与朱子之说有相抵牾。虽然认识到“向之求理于事物者误也”，但从此有一个问题使他恒疚于心：“切疑朱子之贤，而岂其于此尚有未察？”直到任南京鸿胪寺卿，终于作《朱子晚年定论》，“喜已学与晦翁同”。阳明强调：“予既自幸其说不谬于朱子，又喜朱子之先得我心之同。”[③]

《朱子晚年定论》遭到众多学者非议，罗钦顺当时就指出其中有些并非出自朱子晚年，阳明复信承认中间年岁早晚诚有所未考的事实，表白自己“不得已而然”之苦心：“平生于朱子之说如神明蓍龟，一旦与之背驰，心诚有所未忍，故不得已而为此。‘知我者，谓我心忧；不知我者，谓我何求’，盖不忍抵牾朱子者，其本心也；不得已而与之抵牾者，道固如是，不直则道不见也。”[④]

---

① 王守仁：《送别省吾林都宪序》，见《王阳明全集》卷二十二，上海古籍出版社1992年版。

② 王守仁：《象山文集序》，见《王阳明全集》卷七，上海古籍出版社1992年版。

③ 引文均见王守仁《〈朱子晚年定论〉序》，见《王阳明全集》卷三，上海古籍出版社1992年版。

④ 《传习录中・答罗整庵少宰书》。

无论是本人意愿，还是当时朱学影响，再加官方意志，阳明都是不愿也无法与朱子为敌的。以此也可以说明，阳明对焦芳的批判是自觉的，对朱子的反动则是无意的。

但我们同时必须认识到，尽管阳明断章取义、东拼西凑地让朱子附和了自己，表达了自己不愿与朱子对立的意愿，但阳明哲学与朱熹哲学无论在世界观还是方法论上，毕竟有着根本的不同。既然无法调和，阳明便认真对经典进行重新审视，从而指出了朱学已不能解决当下社会主要问题的弊病，客观上甚至颠覆了朱学。

## 第二节 王阳明颠覆朱学

早岁业举，且三试方中进士的王阳明进一步发现，是用朝廷钦定的朱子书培养训练出来的知识分子，在权势面前奴性最重、官瘾最大、心胸最狭、性最阴狠、诡计最多。王阳明得益于朱熹之处颇多，何以批判朱学甚烈呢？这就是答案。他认为官员队伍的糟糕现状，是教育出了问题。

朱子学没错，脱离身心学与利禄结合才是错。朝廷御用的朱子学，是世人钓名射利的工具，是朝廷大批奸佞官员的生产线，把君子儒变成了小人儒。王阳明奋起而矫正时弊，但他不能直刺朝廷，所以只好拿朱子说事。明白了这一点，凡遇阳明学说未解之处，只要往当时学风、政风、世风上想，往焦芳之流身上想，便觉处处妥帖，俱有实落处。

陈来先生知道阳明在《〈朱子晚年定论〉序》和《答罗整庵少宰书》中，已明确表示自己反对朱子并非出于本心，但仔细阅读阳明著述，还是发现阳明对朱子哲学知识取向“表示的强烈甚至过度的反感处处可见”，更觉得阳明对朱子“章句训诂、物上求理的攻击之刻薄也常使人莫名其妙”[1]。只要想想御用朱子学生产出来的朝廷大批奸佞官员如焦芳者流，在王阳明心里造成的“强烈甚至过度”的厌恶，从而油然升腾起必须“刻薄”“攻击”的责任感，疑问自然冰释。

在认真学习和实践朱子学说的过程中，王阳明逐渐洞彻了朱学分心理为二、知行为二，造成士人堕落、焦芳恶行的理论困境，并有了切己的内在体悟。就其直接意义而言，王学在整体上是对朱学的反动。“他的致良知学说与朱熹格物穷理思想是完全对立的，朱熹的方法要求知识日增，支离繁难，使成圣成贤可望而不可即，而王守仁的致良知方法，只求日减，减得人欲，当下即是圣贤。”[2]

程朱理学与陆王心学的目的都是要扶植纲常名教，让人去做符合儒家标准的圣人，不同的是，对于读书人应该如何体认天理，如何修养自身，朱熹主张从格物穷理下手，王阳明主张从存心立志入门。

关于“心”与“理”的关系，朱熹叫学者以格物为入手处：“上而无极、太极，下而至于一草、一木、一昆虫之微，亦各有理。一书不读，则阙了一书道理；一事不穷，则阙了一事道理；一物不格，则阙了一物道理。须着逐一件与他理会过。”[3]“程子谓：今日格一件，明日又格一件，积习既多，然后脱然有贯通处。”[4]“一旦豁然贯通焉，则众物之表里精粗无不到，而吾心之全体大用无不明矣。”[5]朱熹提出的修身途径和方法是由外而内、由博而约，以为理在物中，事事物物各有至善，必须逐个求个至善，才能得到“明善”。阳明目睹焦芳心理无涉则坚持唯心一元

① 陈来：《有无之境：王阳明哲学的精神》，人民出版社1991年版，第9页。
② 邓艾民：《朱熹王守仁哲学研究》，华东师范大学出版社1989年版，第185页。
③ 黎靖德编：《朱子语类》卷十五，岳麓书社1997年版。
④ 《大学·或问》卷二，见黎靖德编《朱子语类》卷十八，岳麓书社1997年版。
⑤ 《大学章句》，见朱熹撰《四书章句集注》，中华书局1983年版。

论：心外无物，心外无事，心外无义，心外无善——心外无理。

关于知行关系，朱熹虽然也强调知行相互联系、相互依赖，但他明确主张知先于行、行重于知："论先后，知为先；论轻重，行为重。"他认为，从时间顺序上知应在先，因为"为学先要知得分晓"，"义理不明，如何践履?"[①] 这样就将知和行分开了。阳明眼见焦芳知而不行甚至倒行逆施的无耻行为，所以在席书请教朱陆异同时避而不答，而是径自提出了知行合一的学术主张，足见其救世心情之迫切。

王阳明的圣人论也是对朱熹圣人论的颠覆。朱熹的圣人论完全将天理和人欲、圣人和凡人对立起来，认为圣人完全达到正心诚意、天理流行的境地，不夹杂一丝一毫人欲，有一点人欲的就是凡人，或者说不是人，而是贼、是鬼。因而，在中国历史上除了他所列举的几个至善至美的圣人外，其他一切凡人都变成了犯下不同程度罪恶的贼和鬼了。朱熹提出的圣人观事实上不可能有人能达到，因而只能使人成为两面派，在社会上造成极端虚伪说谎的风气。在这种极端不合人情的片面要求下，坏人可以不顾这些，为所欲为；好人则在这个过高的要求下，可以把他们的小错误夸张为大罪恶。王阳明看到，朱熹这种圣人观使那些心术不正的人能够在不同场合按照自己的目的，用歪曲的言辞对好人罗织莫须有的罪名，使之成为遍体鳞伤的坏蛋，这种风气在社会上造成了无穷的祸害，所以提出了自己"满街都是圣人"的观点。[②] 用现在的话说，就是王阳明看到当时官场已形成了的"逆淘汰"，他想纠正这种状况。

王阳明的良知说也对朱熹将经典视为判断是非真伪绝对标准的做法进行了批判。朱熹认为"圣人说话，磨棱合缝，盛水不

---

① 引文均见黎靖德编《朱子语类》卷九，岳麓书社 1997 年版。

② 参见邓艾民《朱熹王守仁哲学研究》，华东师范大学出版社 1989 年版，第 29—32 页。

漏”[1]，对经典的态度是字求其训、句索其旨，未通乎前，则不求乎后；未通乎此，则不敢志于彼。王阳明则强调良知为人人所具，圣无有余，我无不足，一切皆应通过良知的检验以判定其是非真伪，虽圣贤经典，也不能例外：“夫学贵得之心。求之于心而非也，虽其言之出于孔子，不敢以为是也，而况其未及孔子者乎！求之于心而是也，虽其言之出于庸常，不敢以为非也，而况其出于孔子者乎！”[2]

在对道德责任义务与个体生命价值的认识上，王阳明与程朱一派也有根本不同。程朱一派一贯认为“饿死事极小，失节事极大”，漠视个体生命，王阳明与之相反，肯定真己不离躯壳，并要求“毋绝尔生”[3]。“自我身处社会之中，总是面临各种道德责任和义务，但不能因此而无视个体生命的价值：尽道德义务不应导向否定个体的生命存在。”[4] 在某种意义上，阳明轻视经典和权威、习惯和成见，要人遵从个体的良知选择行为方式和生命意义。

在本体论上，阳明反对朱子“人心”与“道心”分别的说法，强调人只有“一心”，没有私欲即是道心，有私欲即是人心。在功夫论上，阳明也否定朱子在《大学》“‘致知在格物’补传”中所强调的，通过对外在事物道理的考索，以期与内在之理相应，而能豁然贯通的说法，而是将修养工夫的重心放在对“心”的治理上，其下手处即在于对私欲的去除上，也就是去其心之不正。

元朝把朱熹理学奉为官方哲学，以朱熹著作作为士人必读的教科书，用来命题策士，这样，朱子学便和声名利禄结合起来，成为人们沽钓名利的工具，从而失去了教化人心的作用。正德五年（1510）年初，王阳明结束龙场驿丞生涯，升任庐陵知县，过

---

① 黎靖德编：《朱子语类》卷十九，岳麓书社 1997 年版。

② 《传习录中·答罗整庵少宰书》。

③ 王守仁：《与傅生凤》，见《王阳明全集》卷八，上海古籍出版社 1992 年版。

④ 杨国荣：《心学之思：王阳明哲学的阐释》，生活·读书·新知三联书店 1997 年版，第 147 页。

赣州拜谒濂溪祠，这时他已得了心即理、知行合一思想，对当时的学术弊端有了更加清醒的认识："曾向图书识面真，半生长自愧儒巾。斯文久已无先觉，圣世今应有逸民。一自支离乖学术，竞将雕刻费精神。瞻依多少高山意，水漫莲池长绿蘋。"[①] 诗中既有对先哲周敦颐的敬仰，又暗含决心纠正朱学弊端的学术担当。

颠覆朱学，王阳明经历了一个漫长的对事不对人的复杂过程，除了日常讲学，随着时间的推移，他主要通过四件事来补偏救弊：致信弟子肯定陆学，与徐爱论《大学》，复《大学》古本，编《朱子晚年定论》。与徐爱论《大学》，复《大学》古本，将在第九讲"明德亲民"中详述，编《朱子晚年定论》为本讲第四节。这里我们只从致信弟子肯定陆学，回头看阳明对席书在龙场请教朱陆异同的回答。

正德六年（1511），阳明与湛若水、黄绾在北京大兴隆寺聚众讲学，当时发生了一件看似微不足道，却引起了人们的极大关注的事情。

阳明的两位门生发生争论，王舆庵读陆九渊的书甚感相契，颇有先得我心、深得我心之感，徐成之则不以为然，以为陆是禅，朱熹学说才是儒之正宗，两人相持不下，写信请老师定夺。一般认为，陆学和朱学是相互对立的，阳明为此先后致二信与徐成之，辩论朱陆之学。

阳明认为，王舆庵说陆学以"尊德性"为主，徐成之说朱学以"道问学"为主都是片面的。陆九渊不仅主张尊德性，也极力主张多读书，而且要求认真体验，所以也是道问学的；朱熹经常讲"居敬穷理"，又说"非存心无以致知"，还说"君子之心常存

① 王守仁：《再过濂溪祠用前韵》，见《王阳明全集》，上海古籍出版社 1992 年版，第 718 页。

敬畏，虽不见闻，亦不敢忽”，所以也是尊德性的。[①] 后人批评陆学，主要是针对他的“易简觉悟”之说，“易简”之说出自《易》的系辞，“觉悟”之说虽然出自佛教禅宗，但与儒学精神相通，没有必要因忌讳而加以否定。朱子平日汲汲于小学工夫，见书就要做注解，训诂成癖，后来学者不去钻研他学问的精华，只周旋于末技，致使人们误说朱学支离。谈了自己对朱陆之学的基本认识后，阳明高度评价了陆学，并对长久以来朱显陆晦的局面表示了强烈不满。说：（虽然朱陆终同）朱学早已风行天下，而陆学被俗儒诬为禅学，蒙不实之冤已近四百年，至今尚未得到洗刷，若朱子有知，也不会一日安心于孔庙受人供养的。[②]

答书客观上造成一篇为陆学平反昭雪的宣言，虽然阳明只将朱学按照自己的意思做了点滴修正，但当时就引起了朱学捍卫者的愤怒，反对者中有不少是阳明早年的朋友，如汪俊、崔铣、储柴墟等。储柴墟曾盛赞阳明“趋向正，造诣深”，让黄绾追随其为学，如今却责备他不以师道自处。汪俊、崔铣曾是阳明最亲密的朋友，如今则反复致书论驳，直至断交，崔铣后来更斥阳明为“霸儒”。这些都是没能深刻理解阳明的真实用意。

---

① 《中庸》：“君子尊德性而道问学。”意谓君子既要尊重与生俱有的善性，又要经由学习、存养发展善性。朱熹认为，“尊德性”是“存心养性”，“道问学”是“格物穷理”。教人应从“道问学”为起点，上达“尊德性”，强调“下学”功夫。陆九渊认为，教人以“尊德性”为先，所谓“先立乎其大”，然后读书穷理。王阳明则认为，“道问学即所以尊德性也”，强调两者的统一。

② 参见王守仁：《答徐成之》，见《王阳明全集》卷二十一，上海古籍出版社 1992 年版。

## 第三节　“知行合一”释义

“若违了天理，便与禽兽无异，便偷生在世上百千年，也不过做了千百年的禽兽”[1] ——王阳明心里说焦芳的话，在一般场合论述出来，就具有了普世价值。甚至阳明《大学》古本之复，对格物致知的重新解释，对诚意正心的着重强调，都可以理解为是冲着焦芳这种人来的。“致吾心之良知者，致知也。事事物物皆得其理者，格物也。是合心与理而为一者也”[2] ——这分明是在给焦芳们上课。“故格物者，格其心之物也，格其意之物也，格其知之物也；正心者，正其物之心也；诚意者，诚其物之意也；致知者，致其物之知也”[3] ——这话对着焦芳这种人来说，才特别有意义。

可以这样说，王阳明主要因痛恨知识分子正在流氓化，所以创立了良知学，后世脱离焦芳这一谈话对象，而孤立地研究王学，便生出许多弊病。

阳明不会不知道朱子学的实际价值，也不会愚蠢到不知道朱子学已强大到无法抗衡的地步。阳明之学，必有事焉，龙场悟道是因为焦芳之事触发的，而并不首先出于对朱子学的反动。《〈朱子晚年定论〉序》“恍若有悟”“证诸‘五经’‘四子’”“独与朱子之说有相抵牾”叙述中，先有开悟后证朱子的逻辑顺序，已交代得很清楚。

“我今说个知行合一，正要人晓得一念发动处，便是行了。发动处有不善，就将这不善的念克倒了。须要彻根彻底，不使那一念不善潜伏在胸中。此是我立言宗旨”[4] ——只要私欲在脑子里一

---

① 《传习录下·黄省曾录》。
② 《传习录中·答顾东桥书》。
③ 《传习录中·答罗整庵少宰书》。
④ 《传习录下·黄直录》。

闪，就有可能是大祸端，所以要坚决、彻底、干净地消灭之。阳明同样用“四句话”简洁论述知行关系：“知是行的主意，行是知的工夫；知是行之始，行是知之成”[1]——心中所想即是行动指南，行动过程体现思想能力；所思所想就是行动开始，行动结果达到思想实现。重要的是看你怎么做，追根究底还要看你怎么想。

阳明主要从三个方面论述“知行合一”：一是在物质生活中举例，解剖说明人的行为本质、心理历程都是知行合一的；二是从学理上论证，人们的精神生活也是知行合一的；三是在回答诘问时，知行对论阐明自己的知行观，要求人们真知真行。

见好色属知，好好色属行。只见那好色时已自好了，不是见了后又立个心去好。闻恶臭属知，恶恶臭属行。只闻那恶臭时已自恶了，不是闻了后别立个心去恶。[2]

《传习录上·徐爱录》主讲“心即理”的同时，也兼谈了知行关系。阳明以为，《大学》里说的“如好好色”“如恶恶臭”，真正指出了知行关系的本质。他说，看到一位美女，不会先思考一下，我要不要喜欢她呢？闻到臭味，也不会先思考一下要不要去厌恶。而是看见美女就喜欢，闻到臭味就厌恶，所以知行是合一的。这段说明知行不能分开的论述，可谓见微知著、浅显生动，精彩极了。“又如知痛，必已自痛了方知痛；知寒，必已自寒了；知饥，必已自饥了：知行如何分得开？”生活中件件事情拿来，都是一样。我现在讲论知行合一，正是要恢复古代圣贤的道德品行，并非随心所欲地提出观点。

徐爱问，为什么现实中分明就有知行分开的事呢？阳明指出，这是被私欲迷惑了。他以鼻塞喻私欲说，如果一个人鼻塞，即使

① 《传习录上·徐爱录》。

② 《传习录上·徐爱录》。

发现恶臭在面前，鼻子没闻到也不会特别厌恶，这也是他不曾知臭。先前是私欲隔断了心理的统一关系，这里接着又有私欲隔断了知行的统一关系。“私欲隔断”“私意障碍”“私欲遮蔽”是阳明学说的重要阐述。

阳明接着又对徐爱说，如果领会了知行的道理，只说一个知，已经行在其中了；只说一个行，已经有知在其中了。古人之所以既说知又说行，只是因为世界上有一种人，只管懵懵懂懂地任意去做，全然不思考省察，只是愚昧妄为，因此，必须说一个知，他才能行得端正。还有一种人，海阔天空、漫无边际地思考，根本不愿意踏实实行，所以说一个行，他才知得真切。——不能稀里糊涂就去做，必须有思考地做，要拎得清，行端正；不仅必须要思考，要想对，还要落实在行动中，才算知得真。这是古人为补偏救弊不得已的说法。如果明白这点，一句话就够了。现在的人们却把知行分作两件事去做，认为先知然后行。因此，我就先去讲习讨论，做知的功夫，等知的真切了，才去做行的功夫。所以，终生不能行，也终生不能知。——知行分作两件事，为知道对的不去做，知道错的不阻止，或者只是嘴上说说而心里并不打算实行，甚至当面一套背后一套的两面做法提供了理由，这是断然使不得的。这并非小问题，这种错误认识由来已久了。我现在说知行合一，正是对症下药，并不是我凭空捏造。知行本体原来就是如此。现在知道我立论的宗旨，即使是把知行分开说也无关紧要，其实仍是一体的，但如果不知道我立论的宗旨，即使说知行合一，又有什么用呢？不过是聊聊天罢了。——我要求人们“知行合一”是有来由的，在我的来由面前，知行合一说、知行分开说，无关紧要，关键还是既要有好心，又要办好事。“知者行之始，行者知之成：圣学只一个功夫，知行不可分作两事”[①]——“知真切”“行端正”既是阳明的知行观，也是他对人们为人处世

① 《传习录上·陆澄录》。

的道德要求。

人必有欲食之心然后知食：欲食之心即是意，即是行之始矣。食味之美恶必待入口而后知，岂有不待入口而已先知食味之美恶者邪？必有欲行之心然后知路：欲行之心即是意，即是行之始矣。路歧之险夷必待身亲履历而后知，岂有不待身亲履历而已先知路歧之险夷者邪？“知汤乃饮”“知衣乃服”，以此例之，皆无可疑。①

这是阳明的“知食乃食”说，从心理历程看知行相倚。人一定会有想吃的心，然后才知道想吃的东西，想吃的心就是意，就是行的开始了。食物味道的好坏，必须等放入口中后才知道，哪有不放入口中就先知道食物味道好坏的呢？必定有想行走的心，然后才规划路线，想走的心就是意，就是行的开始。路途的险恶，必须亲身经历后才知道，哪有不等亲身经历就先知道路途的险恶呢？知汤才饮，知衣才服，以此类推，都无可怀疑。有了想吃的心才知道要吃的东西，要吃的心属于“意动”，是“知”，这就是“知是行的开始”；而吃的东西什么味道，肯定吃了才知道，这就是“行是知的完成”。知是知那颗心，行是行那颗心，知行合的都是那颗心，所以知行不可分开来做功夫。

以上两段从生活中看、闻、吃、行、饮、服等，由特殊到一般地论述了知行是合一的。

到心外寻求理，是把知行看成两回事的原因；只有心中求理，摸着自己那颗良心想事，才能做到知行合一。把心和理二分是错误的，把知和行分为二也是错误的。阳明这些话，终究是对那些“已知天理不肯存，已知人欲不肯去”，非要去做知行分裂之事的人说的。有了“心即理”这个心学基石性概念，“知行合一”的

① 王守仁：《答友人问》，见《王阳明全集》卷六，上海古籍出版社1992年版。

概念就水到渠成了，因为“心即理”就是要求心理合一。

《传习录中·答顾东桥书》一开始就有“针砭膏肓”“洞见时弊”“提掇紧要”三个词提示该书主旨。该书论“格物致知”“拔本塞源”，也论知行合一，以下两段就是阳明对知行合一的重要论述。

学、问、思、辨、行，皆所以为学，未有学而不行者也。如言学孝，则必服劳奉养，躬行孝道，然后谓之学，岂徒悬空口耳讲说，而遂可以谓之学孝乎？学射则必张弓挟矢，引满中的；学书则必伸纸执笔，操觚染翰。尽天下之学无有不行而可以言学者，则学之始固已即是行矣。笃者，敦实笃厚之意，已行矣，而敦笃其行，不息其功之谓尔。盖学之不能以无疑，则有问，问即学也，即行也；又不能无疑，则有思，思即学也，即行也；又不能无疑，则有辨，辨即学也，即行也。辨既明矣，思既慎矣，问既审矣，学既能矣，又从而不息其功焉，斯之谓笃行。非谓学、问、思、辨之后而始措之于行也。

这段论贯彻人生始终的五字真经——“学、问、思、辨、行”，或称“为学之道五步法”，即是知行合一的。这是从学理上泛论知行也是合一的。《中庸》说一般人要努力提高自己的品德，就是要选择美好的目标并坚持它，还要广博地学习，仔细地询问，谨慎地思考，清楚地辨别，忠诚地实行。原文“博学之，审问之，慎思之，明辨之，笃行之”，后人提炼成“学、问、思、辨、行”，称作“人生五字真经”或“为学之道五步法”。阳明认为，学、问、思、辨、行，都是所说的学，没有学而不去行的。比如学孝，就必须服侍奉养，身行孝道，然后才叫作学。哪能光凭口说舌谈就可以叫作学孝呢？学射箭就必须张弓搭箭，拉满弓以击中目标。学写字，就必须准备好纸张笔墨，真去执笔书写。天下所有的学，没有不去行就能叫作学的。所以学的开始，本来已经是行了。一般的行还不行，虚伪的行更不行，一定要笃行。笃，就是敦实笃厚的意思，说笃已经是行了，“敦笃其行”就是不间断地行敦实笃厚的功夫。学不能没有疑，有疑就有问，问就是学，就是行。问又不能没有疑，有疑就有思，思就是学，就是行。思又不能没有疑，有疑就有辨，辨就是学，就是行。辨已明了，思已慎了，问已审了，学已能了，还继续不断地用功，这就叫作笃行。并不是说在学、问、思、辨以后，才着手去行的。阳明还说，如“温故知新”这个道理，知新必须经由温故，温故才可以知新，这又可以证明知行并非两事。

若谓粗知温凊定省之仪节，而遂谓之能致其知，则凡知君之当仁者，皆可谓之能致其仁之知，知臣之当忠者，皆可谓之能致其忠之知，则天下孰非致知者邪？以是而言，可以知致知之必在于行，而不行之不可以为致知也明矣。知行合一之体，不益较然矣乎？

这段论“致知必须体现在行上，不行就是不致知”，重点强调了行。阳明提出的是以“行”为主的“知行合一”的立场，提倡“以行为根本，知行才会合一”。“格物致知”是任何人都要活到老学到老、学到老行到老的实践论。如果说粗略地知道温凊定省的礼仪，就是能够致良知，那么，凡是知道君王应当仁的人，都可以说他能致其仁的知，知道臣应当忠的人，都可以说他能致其忠的知了。那么，天下的人谁又不是致知的人呢？由此可知，致知必须体现在行上，而不行就是不致知，这是最明白不过的了。知行合一的本体，不是更清楚了吗？但凡处事和论说，都必须实落去做知行合一的功夫，而不能像有些人，只是把良知挂在嘴上说说，做起事来完全把知行当作两回事。

朱子学倾向于以知为主，阳明学倾向于以行为主。以知为主，所以知行为二；以行为主，所以知行合一。知行为二导致知是行非，知行合一要求知对行对，知错止错。朱子知行为二的学说早有市场，所以人们还是会反复询问阳明为什么说知行合一。阳明知行对论的回答斩钉截铁，长久在人们心头铿锵作响：

行之明觉精察处，便是知；知之真切笃实处，便是行。若行而不能精察明觉，便是冥行，便是“学而不思则罔”，所以必须说个知；知而不能真切笃实，便是妄想，便是“思而不学则殆”，所以必须说个行；元来只是一个工夫。凡古人说知行，皆是就一个工夫上补偏救弊说，不似今人截然分作两件事做。[1]

这段论述严肃要求人们“真知真行”。“明觉精察”地知，就是不能被私欲所蒙蔽；“真切笃实”地行，就是不能为功利心所驱使。如果行之前没有想明白，没有得到至善的真知，那就会盲目地行，甚至是乱作为或为作乱。这就像《论语》所说的，不动脑思考就会迷惑，所以必须强调“明觉精察”地知——真切求知那个至善。如果明辨了是非对错，却没有行是而抛非，做对而弃错，那真知也是白费。这就像《论语》所说的，空想而不作为终究于事无补，所以也必须强调“真切笃实”地行——真切笃行那个至善。知行原来只是一个功夫。凡古人所说知行，都是在这一个功夫上有所侧重，不像现在一些人把知行分作两件事来做。正因为今人把知行分作两件事看，当心里产生了一个恶念，然未去做，也就不去禁止，日后才生出种种吊诡事件，我便特别强调知行必须合一。所有的知行不一，都是因为私欲造成的。还是那句话，我主张知行合一，正是要人知道有念萌发，也就是行了，所以只要产生了一丝不善的念头，就必须把这一丝不善的念头克去，并且需要完完全全地把它从胸中剔除，这方是我立论的主旨。

梁启超甚至认为，“我们用知行合一这个口号来代表他学术的

① 王守仁：《答友人问》，见《王阳明全集》卷六，上海古籍出版社 1992 年版。

全部，是不会错的”，“一部《王文成公全书》，其实不过这四个字的注脚”[①]。

## 第四节　王阳明编《朱子晚年定论》

王阳明正德九年（1514）五月至南京任鸿胪寺卿，之后开始着手编《朱子晚年定论》，至正德十年（1515）十一月初一，方作序示人。

所谓《朱子晚年定论》，是王阳明为了减少朱子学者对自己所创学说的抨击，从朱熹晚年写给二十四人的三十四封信中各选取一段，主要是把一些与心学题旨一致的言论收集起来（偏重于“正心”的一些话），称为朱的最后结论，以前与此相矛盾的话都是朱子也后悔了的错误言论。试图证明朱熹晚年的思想才是他真正的思想，而这一真正的思想与他的心学相一致。这招以子矛攻子盾之“术”，成为一大公案。朱熹晚年目盲看不得书，阳明为晚年朱子确立了两个主题：一说朱子晚年觉得过去只是讲论文义，诚是太涉支离，后悔病目来得太迟了；一说朱子觉得因不能再看书，却得收拾放心，正心诚意，直下便是圣贤。朱子一生说了千百万言，阳明只想为我所用，所以找出万把字朱子自我批评、悔其少作的话，以证明自己的学说不谬于朱子，自己和真朱子心理攸同。当时朱熹理学为国学，朱熹门徒遍天下，他是想以此来证明自己的学说是从朱熹那里转手来的。当时政治环境和社会环境，都不允许王阳明追求圣人之道而撇开朱熹另起炉灶。

阳明编《朱子晚年定论》虽不免以己意采择编列，年代顺序有不实之处，但也不能否认，他确实看到朱熹间或感到自己的学

① 《梁启超·王阳明知行合一之教》，转引自冯友兰等著《知行合一：国学大师讲透阳明心学》，台海出版社 2016 年版。

说在“心”的功夫上有不足之处，并在一些具体场合，针对一些具体情况，不自觉地用一些陆学语言弥补其罅漏。尽管人们反感这种断章取义、拉大旗的做法，但阳明还是很得意他编辑出这样的“定论”，声称“无意中得此一助”[①]。

正德十三年（1518）七月，阳明在赣州刻印了《大学古本傍释》和《朱子晚年定论》，他要用教材的力量来普及自己的思想。

肯定《大学》古本，否定朱子改本（第九讲再详细讨论此事），在阳明看来，也是不得不然的事。“吾之心与晦庵之心未尝异也。若其余文义解得明当处，如何动得一字？”[②] 我的心和朱熹的未尝不同，如他对其他经典文义解释得清晰恰当之处，我又怎能改动一个字呢？他还教导弟子，各人只管把握自己的对错，不要理睬朱、陆的是非。[③]

王阳明毫不避讳自己从朱熹处得到了诸多“恩惠”，我们甚至可以说，没有朱熹理学，就不可能有阳明心学。朱子学主张纤细分析和博闻广识，可以用来通晓古今，增长见闻。王阳明说：“以吾良知求晦翁之说，譬之打蛇得七寸矣！”[④] 朱熹的“居敬持志”与王阳明的“诚意”，其实并无多大差别，甚至有人指出朱熹之前就说过类似“格物之前先诚意”的话，只是“阳明未加深考耳”。[⑤] 阳明先时虽然批判朱子学说，但讲到朱子学说时，并不明确指出朱子之名，只是以“先儒”“后儒”“世儒”替代，而且绝不立门户之见。只有大力倡导“良知学说”后，才开始明确批判朱子学说。

尽管阳明一再说与朱子抵牾不是出于本心，但王学与朱学确

① 王守仁：《王阳明全集》，上海古籍出版社 1992 年版，第 127 页。

② 《传习录上·薛侃录》。

③ 参见《传习录中·启周道通书》。

④ 《年谱三》，见王守仁《王阳明全集》卷三十五，上海古籍出版社 1992 年版。

⑤ 参见冯柯：《求是编》，《传习录》注评。这是第一本以《传习录》为主抨击王学的著作。

有对立之处。这里再次梳理之前未讨论或者讨论未尽的这些不同，有助于我们更好地认识这两大儒学高峰。

“格物致知”是儒学的根本，也是阳明心学讨论最多最深的论题。

朱熹的“格物致知”：“格”是探究的意思，“物”是万事万物，包括意识的和物质的，“致”是求得、获得的意思，“知”是知识。通过对万事万物的探究，从而不停地得到各种各样的天理和道理，最后万理汇成一理。

王阳明改造了朱熹对“物”的理解，甚至可以说王阳明偷换了朱熹的“物”。两人所指的对象不同，朱熹的物是客观事物，王阳明将“格物之物”看作“事”，甚至只是邪念。

王阳明的“格物致知”：“格”是正的意思，“物”就是事，是意之所在。“格物”就是正念头。“致”是停止、实现的意思，“知”则是良知。通过在事上正念头而实现良知。

阳明所谓“理”，比朱子所谓“理”范围要窄。朱子以天地间一草一木，莫不有理；阳明所谓“心即理”，则专指为人处世之道德而言。

梁启超说，平心论之，“就事事物物上求其所谓定理”并非不可能的事，又并非不好的事。全然抛却主观，而以纯客观的严正态度研求物理，此正现代科学所由成立。科学初输入中国时，前辈译为“格致”，正是用朱子之说理。梁氏认为，朱子所说“格物”方法，用之研究自然界物理没问题。但朱子解的是《大学》，而《大学》格致功夫，与诚意紧相衔接，如何能用自然科学的方法来比附?《大学》所谓“物”，一定不是指自然界，而实指人事交互复杂的事物。而王阳明正是看到了这一点，他所说的“格物”，就是求人事上的理，所以不能求诸各事物，而必须求诸吾心。①

① 参见《梁启超·王阳明知行合一之教》，转引自冯友兰等著《知行合一：国学大师讲透阳明心学》，台海出版社 2016 年版。

清初的朱子学者陆桴亭认为，王阳明“亭前格竹”的做法，完全没有理解朱子“格物穷理”的主旨。朱熹的“格物穷理”，其大纲还是人伦道德，如果舍弃大纲，仅就具体的一草一木去探求其理，那就丧失了朱熹思想的精髓。朱熹认为，总和天地万物之理，会形成大的“一理”，每个事物分开来又都有各自之理，千差万别的事物都是“一理”的体现，即所谓“理一分殊”。王阳明希望通过“格竹”，立刻悟出总合天地万物的大的“一理”，冈田武彦认为，王阳明没有看到分殊之理，而是直接来探求大的“一理”，按照他当时的资质，显然是不可能达到的。[①] 我们这里认为，不排除王阳明为树立自己的学说，不惜采取了类似抬杠的做法或说法。

王阳明面临的社会现实是，投机的人干脆不再读书，不再相信圣贤学问，他们只拼聪明、拼人情，在钻营的道路上已变得无所顾忌，敢胡作非为。为了矫治人心，阳明在叙述心学源流时，也不是以孔孟为起点，而是再往前推到夏、商、周三代，认为“三代之治”的理论基础就是“心学”。尧舜禹之相授受“人心惟危，道心惟微，惟精惟一，允执厥中”十六字心诀，即是心学起点，而孔孟传承的也是心学。阳明想以自己的心学规范人们（尤其是朝廷官员）的知行。

王阳明所处的时代，是朱子学一统江山的时代。朱子学是官学，风靡于世，早已深入人心，人人以为是天下的至理，人人都将其作为学问的根柢，阳明否定朱子的学说，等于从根本上否定了天下读书人的学问，被人反对、遭人批评是十分自然的。而在反对者行列中，有人仅了解片言只语，有人只凭道听途说，还有人一开始就以朱学捍卫者自居，根本不去理解王学真谛。

其实，早在正统、成化、弘治年间，就有薛瑄、吴与弼、胡

---

① 参见冈田武彦《王阳明大传：知行合一的心学智慧》（上），重庆出版社 2015 年版，第 72—74 页。

居仁、陈献章等，为救治士林及整个社会的道德沦丧，铺垫下了心学的理论基石。

关于王学的形成，通常说法是有两个原因：一是救治当世学术流弊的需要，一是屡经坎坷的痛苦体悟。这种归纳的弊病，恰恰是没有紧密结合阳明切身经历的社会现实。若说为救朱学之弊，那么后来王学之弊害与等同，这种说法等于把两大学术高峰都毁了。若说由于屡经坎坷，有人比阳明经历还坎坷怎么没有体悟，这种说法也有悖常识。

傅振照的观点就没有把王学与朱学对立起来，而是分别看作理学适应社会发展不同时期的阶段性成果。他认为，王学与朱学是同宗异支，王学是在程朱理学失去活力时，为延续其一统地位所做的一次历史性挑战。这个挑战在一定程度上取得了成功。朱熹属于客观唯心主义一派，主张理气二元，以适应赵宋王朝的多元政治；王阳明属于主观唯心主义一派，主张心理一元，以适应朱明王朝的寡头政治。就其内容来说，朱熹浩繁支离，因循多于发展；王阳明简洁明快，发展多于因循。以表述方法来说，朱熹重于烦琐考证，训诂集释，比较迂阔，缺乏生机；王阳明针对时弊，直抒胸臆，通俗易懂，使程朱理学得到一定的改造，取得了一点生气，从而延续了唯心主义的历史命运。由于王阳明心学是从“民虽格面，未知格心”的长远观点着手，因而曾得到统治阶级的赏识，几乎在一个时期内取代程朱理学的统治地位，那不是偶然的事。[①]

本书观点：阳明学为救世说，但非为救学术，而为救官场。此说成立，流弊两灭。

① 参见傅振照《王阳明哲学思想通论》，中国国际广播出版社 1993 年版，第 126 页。

# 第四讲　破心中贼

王阳明进一步追问，究竟是什么造成了人的心理不一和知行分裂？他发现是私欲，“私欲”“私意”“私智”就是“心中贼”，他要求人们破除这些心中贼。

## 第一节　缘　　起

由于种种原因，广东龙川县浰头（今属和平县）之乱终未和平解决[①]。平浰战役结束，王阳明回师江西赣州，途经龙南县玉石岩，作诗五首，其一《回军九连山道中短述》[②]：“百里妖氛一战清，万峰雷雨洗回兵。未能干羽[③]苗顽格，深愧壶浆父老迎。莫倚谋攻为上策，还须内治是先声。功微不愿封侯赏，但乞蠲输绝横征。”

王阳明了解“民穷为盗”的现实，深深为自己未能以招抚而是用武力剿除浰头贼的行动感到无奈。他认为，以武力攻伐绝非治乱上策，还是要以“破除人们心中恶念”为先发手段。但愿朝

① 朝廷敕文中有“不许踵袭旧弊招抚，重为民患”语，参见王守仁《横水桶冈捷音疏》（《王阳明全集》卷十中）、《浰头捷音疏》（《王阳明全集》卷十一中），上海古籍出版社1992年版。

② 王守仁：《王阳明全集》卷二十，上海古籍出版社1992年版。玉石岩碑刻有两处不同。

③ 干（gàn）羽：古代舞者所执的舞具。文舞执羽，武舞执干。《尚书·大禹谟》：“帝乃诞敷文德，舞干羽于两阶，七旬有苗格。”苗，泛指少数民族。

廷能减轻老百姓的赋税负担，杜绝横征暴敛。这首诗在反映王阳明民本思想的同时，反过来等于指出了王朝横征暴敛逼迫民众反抗的现实。

平浰战役发起前，也是在龙南，阳明写信给弟子说："即日已抵龙南，明日入巢，四路兵皆已如期并进，贼有必破之势。某向在横水，尝寄书仕德云：'破山中贼易，破心中贼难。'区区剪除鼠窃，何足为异？若诸贤扫荡心腹之寇，以收廓清平定之功，此诚大丈夫不世之伟绩。"[①]

王阳明所说"向在横水"，即之前江西横水战役期间，他就曾说过"破山中贼易，破心中贼难"的话。横水战役，阳明也留下一首诗令人心生感慨，《桶冈和邢太守韵二首》（之一）："处处山田尽入畲（畬），可怜黎庶半无家。兴师正为民痍甚，陟险宁辞鸟道斜！胜世真如瓴[②]水建，先声[③]不碍岭云遮。穷巢容有遭驱胁，尚恐兵锋或滥加。"

他看到底层民众的贫苦状况，想到他们为"官府所迫，大户所侵"不得已而造反的现实，一方面替朝廷的统治担心，一方面唯恐"剿匪"会伤及无辜。

实际上，更早前率兵赴福建长汀进行平漳战役时，阳明即写有《丁丑二月征漳寇，进兵长汀道中有感》："将略平生非所长，也提戎马入汀漳。数峰斜日旌旗远，一道春风鼓角扬。莫倚贰师[④]能出塞，极知充国[⑤]善平羌。疮痍到处曾无补，翻忆钟山[⑥]旧草

① 王守仁：《与杨仕德薛尚谦》，见《王阳明全集》卷四，上海古籍出版社1992年版。

② 瓴（líng）：疑通"临"或"邻"。

③ 先声：指发生某一重大事件前，有相同性质的类似事件发生。

④ 贰师：汉武帝命李广利到大宛国的贰师城（今吉尔吉斯斯坦的奥什城）取良马，所以委任李广利为贰师将军。

⑤ 充国：指西汉著名将领赵充国。赵充国为人有勇略，熟悉匈奴和氐羌的习性。汉武帝时，随贰师将军李广利出击匈奴，率七百壮士突围。

⑥ 钟山：即南京紫金山。王阳明巡抚南赣前为南京鸿胪寺卿。

堂。”书生从军，看到民众的贫苦状况而无力改善，感到自己还不如回到过去的草堂去读书。还是希望朝廷平定民乱不要一味仰仗武力攻伐。

以平浰战役结束为标志，阳明收获了平定赣闽粤湘边民乱的事功，于“心学”更是收获了“心中贼”这一石破天惊的概念。

“心中贼”这一概念前可提示“心即理”“知行合一”两个阳明心学基础概念的重要性和必要性，后为“致良知”“满街都是圣人”两个最高级概念向上一跃提供了立论对象和攀登阶梯，将整个阳明心学黏合成一个整体。

等到平定藩王朱宸濠之乱后，阳明的“心中贼”概念便将乱臣、乱民、乱王一体打通，“破山中贼易，破心中贼难”，从特殊走向一般，成为与整个人类社会相始终的哲学命题。

“心中贼”这一概念，向来未被阳明心学研究者所重视，这里不妨就其阳明心学的“黏合剂”属性认真讨论一下。

我们认为，阳明心学之内在理路是：参悟于“乱臣”（焦芳），实践于“乱民”（赣闽粤湘边），确立于“乱王”（宁王朱宸濠）——都有“心中贼”要排除，都可以“良知”做解药。

这里再次申明观点，王阳明想从学术下手，挽救世道人心。

王阳明在焦芳一手造成的刘瑾事变中，下诏狱，杖四十，谪龙场。来到贵州西北万山丛棘中的龙场，王阳明时常会想，身为吏部尚书的焦芳（后升为内阁首辅）为什么知书却不达理呢？为什么知信而无信呢？就是因为这个乱臣的“心中贼”在作怪，遂针对焦芳行径提出了“心即理”和“知行合一”论，并由此奠定了自己一生治学的方向。

王阳明在平浰战役前提出“心中贼”概念，是他“心学”理路的重要一环。即南赣巡抚思考怎样破除赣闽粤湘边山区“乱民”的“心中贼”，是阳明体悟“良知之学”的关键历程。

经历了平定宁王朱宸濠叛乱的惊险过程，王阳明终于大彻大悟，原来乱王也有“心中贼”，于是他找到了救治人心、矫正时弊的有效办法。之后，在南昌他就开始讲“致良知”了，最后只以“致良知”立教。“致良知”是他此前所有学说的最高概括和总结。

在绍兴守制赋闲期间，越到后来，越只讲“良知”——圣道简易！

## 第二节　王阳明所谓“心中贼”之言说对象

阳明所说“心中贼”何所指，又要扫荡“谁”的心腹之寇？有些研究者以为，阳明剪除心中贼的办法主要有：行十家牌法；戒奢靡，立乡约；兴社学，行教化；建书院，勤讲学；恢复旌善亭、申明亭。问题是普通民众固然有“心中贼”，有道德缺陷，但相对于在“刘瑾事变”中扮演最不光彩角色的焦芳这种朝廷重臣对社会、对国家造成的危害，显然要小得多，好对付得多。王阳明对沉湎于私利私欲、竞相追逐权势地位的官员深恶痛绝。“破山中贼易，破心中贼难”，似有破普通民众心中贼易、破朝廷官员心中贼难的含义。阳明是在号召弟子们和他一起，来扫荡焦芳这种官员的心腹之寇，以廓清朝廷命官的道德伦理，恢复已经被他们搞乱了的政治纲常，从而实现士大夫治国平天下的理想。

焦芳始终是王阳明心头挥之不去的阴霾，焦芳就是王阳明心中的那个贼，他学术上所有的努力，都是为清除以焦芳为代表的朝廷官员心中的私欲恶念。

嘉靖五年（1526）春，巡按福建御史聂豹来浙江拜见，后致书讨论，我们把阳明答书的整段话与焦芳挂钩，就会有丝丝入扣的感觉。焦芳不知道是非对错吗？当然知道，“是非之心，不虑而知，不学而能，所谓良知也”。焦芳没有良知吗？当然也有，“良知之在人心，无间于圣愚，天下古今之所同也”。焦芳们为什么总要做那些伤天害理的事呢？因为他们不能致其良知：“后世良知之学不明，天下之人用其私智以相比轧，是以人各有心，而偏琐僻陋之见，狡伪阴邪之术，至于不可胜说；外假仁义之名，而内以行其自私自利之实，诡辞以阿俗，矫行以干誉，掩人之善而袭以为己长，讦人之私而窃以为己直，忿以相胜而犹谓之徇义，险以相倾而犹谓之疾恶，妒贤忌能而犹自以为公是非，恣情纵欲而犹自以为同好恶！”[①] 这不就是焦芳的活画像嘛！

阳明一些看似无来由的说辞，只要找到焦芳就句句落实，如“乡愿”之忠信廉洁媚君子、同流合污媚小人，“客气”之自是自欺、饰非长傲，“胜心”之不能改过徙义，“憸人”之行伪而坚、言非而辩，“冒别姓坟墓为祖墓者”之出卖良知等。阳明对这种人的态度是：“严防以塞其幸入之路，慎选以杜其躁进之门。”[②] 坚决不能任用这种人。针对他们终日奔走、营进干禄的病症，遂提出“静坐”的修养法门。

很长时间对阳明赞许“孩提之不学不虑，与圣人之不思不勉本体同”[③] 不大理解，现在知道他是在说：学如焦芳，不如孩提之不学不虑；孩提之不学不虑不会危害社会，反而保持了社会的纯洁，所以与圣人本体相同；学如焦芳，则危害太甚。

“一树有一树之本末。岂有以一树为本，一树为末之理?”[④] 有焦芳这个恶果，阳明就去找结这个恶果的树，于是找到了御用朱子学。

焦芳的所作所为，已和他的心、他的知没有任何关系，朱熹在主体之外去求心外之理的学术思路，是他可以在心外、知外，

---

① 《传习录中・答聂文蔚》。

② 王守仁：《山东乡试录》书二，见《王阳明全集》卷二十二，上海古籍出版社1992 年版。

③ 邵廷采：《明儒王子阳明先生传》，见王守仁《王阳明全集》卷四十，上海古籍出版社 1992 年版。

④ 王守仁：《传习录拾遗》第 27 条，见《王阳明全集》卷三十二，上海古籍出版社 1992 年版。

不顾道德情操干任何坏事的理论依据。御用朱子学学习的成功，对他进行了这样做人做事的训练，“知识愈广而人欲愈滋，才力愈多，而天理愈蔽”①，就是说，研究御用朱子学的知识愈广，则人欲愈滋、才力愈多，则天理愈蔽。

王阳明的心即理、知行合一、致良知，都是针对焦芳们知行分裂来说的。王阳明的思想不首先来源于理论学习，而首先来自对现实的关注。由于对君主昏庸、宦官专权、朝臣比附、社会失序、伦理道德沦丧、精神心灵失衡的现实不满，又感到自己没有救世灵丹，无能为力，他转而求诸释老。求诸释老是一种对浑浊世道的逃避，而不是一种理论知识的转向。即便空空也遁入阳明洞，即便碌碌乎行走仕途中，士大夫平治天下的理想责任，都使他无法停止追问有没有对治这种顽症的良药。在不断学习儒释道三教世界观和方法论的思考中，一剂救世良方在阳明心中逐渐清晰起来，这就是融突和合儒释道三教得来的良知之悟。“‘心正’一切皆正，‘心邪’一切皆邪。”② 人们往往以为阳明是在对抗朱熹，其实他是在对抗焦芳。

阳明有些话只有对焦芳这种人说才有意义。“如今苦苦定要说知行做两个，是甚么意？某要说做一个是甚么意？若不知立言宗旨，只管说一个两个，亦有甚用？”只要明白阳明知行论的立言宗旨是针对焦芳这种人的，就不会拘泥于一个两个了。“某今说个知行合一，正是对病的药”，对谁的病？就是对焦芳这种人的病。“今若知得宗旨时，即说两个亦不妨，亦只是一个；若不会宗旨，便说一个，亦济得甚事？只是闲说话。”知行合一就是要焦芳这种人发现良知，明了这一宗旨，说一个两个都无妨。这段话充分表明，阳明知行论的本意并不是与朱子争一个两个，而是要对治焦

① 《传习录上·薛侃录》。

② 张立文：《王阳明全集》前言，红旗出版社 1996 年版。

芳之病。[1]

焦芳一路做到大学士，却是个不能明人伦的家伙，阳明不得不对以御用朱子学为内容的科举教育提出看法："夫三代之学，皆所以明人伦；今之学宫皆以'明伦'名堂，则其所以立学者，固未尝非三代意也。然自科举之业盛，士皆驰骛于记诵辞章，而功利得丧分惑其心，于是师之所教，弟子之所学者，遂不复知有明伦之意矣。"[2]

当时人们读书不是为义而是为利，为了做官；做官之后，又日夜琢磨着如何升官。大多数高级知识分子忘了自己应是社会良知、良心的本分，自觉不自觉地既成了皇权的帮凶，又成了争权夺利的小人。知识分子不能无休止地追逐权力名位，无耻如焦芳，而不担负起自身矫治社会弊病的重任，王阳明承续发掘传统的"极高明而道中庸"的圣贤哲学，要知识分子以"尊德性"为本体，以"道问学"为功夫，知行相顾，致其良知，为圣贤而不为小人。这就是王学一以贯之的基本用意和教人方法。

王阳明早已对政风忧心忡忡，弘治十二年（1499）《陈言边务疏》就曾直言不讳："臣愚以为今之大患，在于为大臣者外托慎重老成之名，而内为固禄希宠之计；为左右者内挟交蟠蔽壅之资，而外肆招权纳贿之恶。习以成俗，互相为奸。"焦芳者流的丑行，验证了阳明所说的实情。

直到起征思田的晚年，阳明还是担忧朝廷官员或党比或倾轧，而不能同心协力为国家为百姓做事。"东南小蠢，特疮疥之疾；群僚百司各怀谗嫉党比之心，此则腹心之祸，大为可忧者……一二当事之老，亦未见有同寅协恭之诚，间闻有口从面谀者，退省其私，多若雠仇。"[3] 在王阳明那里，思田之乱很容易平定，士风官德之

① 引文均见《传习录上·徐爱录》。

② 王守仁：《万松书院记》，见《王阳明全集》卷七，上海古籍出版社 1992 年版。

③ 王守仁：《与黄宗贤·二》，见《王阳明全集》卷二十一，上海古籍出版社 1992 年版。

不堪，才是最为可忧者。这段话尤可作“心中贼”那段话之注脚。

“今世士夫计逐功名甚于市井刀锥之较，稍有患害可相连及，辄设机阱，立党援，以巧脱幸免；一不遂其私，瞋目攘臂以相抵捍钩摘，公然为之，曾不以为耻，而人亦莫有非之者。盖世风之衰薄，至于此而亦极矣！”[①] 看来焦芳之后，士林风气并没有好转，所以明朝后期阳明心学得到了相当程度的传扬。

## 第三节 “破心中贼”释义

“心中贼”是世间一切丑行的源泉。“心中贼”是世间一切丑行的高度简单概括，只“心中贼”三字便尽了世间所有非为、恶行的家底。

“心中贼”这一概念只出现在《与杨仕德薛尚谦书》中，但仔细研究王阳明说过的话，我们发现“私欲”“私意”“私智”就是“心中贼”的转语表述，他还进一步解释，私欲就是好色、贪财、慕名等。“心即理”亦是说，没有私心就是合于理，不合于理就是存有私心。

天下之所以乱，起因就是每个人的私心作祟，天下之祸莫甚于私欲。私欲隔断了心理的统一关系，隔断了知行的统一关系，私欲就是“心中贼”。没有“心中贼”这一环，“良知说”总是虚妄。

《传习录上·徐爱录》中，王阳明即指出凡不能行天理，不能知行合一和致良知，都是因为“私欲”“私意”的存在。徐爱表示对“心即理”的疑惑时，阳明明确地说：“此心无私欲之蔽，即是天理，不须外面添一分。”又问现实中为什么分明存在知行两

① 王守仁：《送别省吾林都宪序》，见《王阳明全集》卷二十二，上海古籍出版社 1992 年版。

件，答曰："此已被私欲隔断，不是知行本体了"，"知行的本体，不曾有私意隔断的"。在谈到良知为什么在有些事上没有很好地发用时，他说："若良知之发，更无私意障碍，即所谓'充其恻隐之心，而仁不可胜用矣'。然在常人，不能无私意障碍，所以须用'致知''格物'之功，胜私复理。"在《传习录上·薛侃录》中，阳明还指出，人心的不快乐也是因为私欲。他说，人心原本就欢喜义理，好比眼睛本来喜欢美色，耳朵喜欢音乐一样，只因为私欲的蒙蔽和拖累，人心才会不快乐。而幼龄儿童无不知爱其父母、敬其兄长，就是因为他们心灵纯洁，没有被私欲蒙蔽隔开。

《传习录中·答顾东桥书》则指出，那些临事苟且的人都是"心中贼"在作怪，真正意图只想扯幌子"济其私而满其欲"。《传习录中·答陆原静书·又》也讲到，"念头放失，多因私欲客气之动而始"。《传习录中·答聂文蔚》更对人们各逞"私智"造成互害社会进行了严厉的批判：

> 后世良知之学不明，天下之人用其私智以相比轧，是以人各有心，而偏琐僻陋之见，狡伪阴邪之术，至于不可胜说；外假仁义之名，而内以行其自私自利之实，诡辞以阿俗，矫行以干誉，掩人之善而袭以为己长，讦人之私而窃以为己直，忿以相胜而犹谓之徇义，险以相倾而犹谓之疾恶，妒贤忌能而犹自以为公是非，恣情纵欲而犹自以为同好恶，相凌相贼……

后来因为良知的学问不再光明，天下人各用自己的私心巧智彼此倾轧，于是那些偏激僻陋的观点、狡诈阴险的手段数不胜数。一些人假借仁义的名义干着自私自利的事，用诡辩来迎合世俗，用虚伪来沽名钓誉。他们掠人之美当作自己的长处，攻击别人的隐私来显示自己正直。他们因怨恨压倒别人还说什么追求正义，陷人于绝境还说是疾恶如仇，妒贤忌能还伪饰成主持公道，恣情纵欲还骗人以爱憎分明。人们互相欺凌，互相残害。冈田武彦指出："即便是现代，读到这里，又有多少人能不出一身冷汗！"[1] 阳明要求人们"去其自私自利之蔽"，凡事廓然大公，若用私意安排，就是自私弄智。

《传习录下·黄直录》与黄以方（即黄直）谈论讲道：人心本像天空一样辽阔，无所不容，只是被私欲蒙蔽，才失去了天的本来面貌；心中的理也像大海，没有止境，只是被私欲窒塞，才失去了海的本来面貌。《传习录下·黄修易录》则说，良知是每个人的天植灵根，只因为被私欲拖累，把灵根残害蒙蔽，使其不能正常生长发育。阳明号召人们相信良知的光辉，除掉恶念，就是善念，如阳光被乌云遮挡，乌云散去，阳光自会出现。

如何"破心中贼"？破心中贼即去人欲，去人欲就是扫除人的不合乎社会道德的私欲。阳明在《传习录上·陆澄录》中说，只有去私欲、存天理，方是"破心中贼"的功夫，静时念念不忘去私欲、存天理，动时也念念不忘去私欲、存天理，才能破除心中的邪念恶念。

须教他省察克治。省察克治之功，则无时而可间，如去盗贼，须有个扫除廓清之意。无事时，将好色、好货、好名等私欲逐一追究，搜寻出来，定要拔去病根，永不复起，方始为快。常如猫之捕鼠，一眼看着，一耳听着，才有一念萌动，即与克去，斩钉截铁，不可姑容与他方便，不可窝藏，不可放他出路，方是真实用功，方能扫除廓清。到得无私可克，自有端拱[2]时在。

要不间断地"省察克治"，好比铲除盗贼，要有个杜绝的决心。无事时，将好色、贪财、慕名等私欲统统搜寻出来，一定要

① 冈田武彦：《王阳明大传：知行合一的心学智慧》（下），重庆出版社 2015 年版，第 213 页。

② 端拱：正身拱手。指恭敬有礼，庄重不苟。

将病根拔去，使它永不复发，方算痛快。好比猫捉老鼠，眼睛盯着，耳朵听着，摒弃一切私心杂念，态度坚决，不给老鼠喘息的机会。既不让老鼠躲藏，也不让它逃脱，这才是真功夫。如此才能扫尽心中的私欲，达到彻底干净利落的地步，自然能做到身心的恭敬庄重。“省察克治”也是阳明常常提醒人们的话头。所谓“省察”，就是通过反省检查以发现和找出自己思想和行为中的不良倾向，坏的念头、毛病和习惯；所谓“克治”，就是克服和整治，去掉所发现的那些不良倾向，坏的念头、毛病和习惯。阳明要求人们去人欲不能停留在口头上，私欲悄悄产生，人则毫无感觉，即使用力省察都不易发现，若只顾论天理，却放在一边不遵循，论人欲，却放在一旁不清除，那就违背了“格物致知”实践论。

阳明还借有人夜晚怕鬼的话题，指出心中有鬼的人，平时不肯行善积德，内心有愧，若平时行为坦荡光明，又有什么可怕的？他又说：克己务必彻底干净，一点私欲都没有才算可以，有一点私欲存在，众多邪恶就会接踵而至。私欲一天天膨胀，像地上的灰尘，一天不打扫就会又多一层，一定要达到纯净洁白，无一丝一毫不透彻的境界才行，所以要时常打扫。有人说自己不能彻底认识天理和人欲。阳明回答，只要踏实地用致良知功夫，就能一天天认识天理的精妙处和私欲的细微处，现在最大的问题是“已知天理不肯存，已知人欲不肯去”，所以要切实用克己的功夫。

陆澄问，好色、贪财、慕名等心固然是私欲，但那些闲思杂念为什么也称私欲呢？阳明说，闲思杂念到底是从好色、贪财、慕名这些病根上滋生的，例如，你自信绝对没有做贼之想，什么原因？因为你根本就没有这份心思，你如果对色、财、名、利等的想法，都像你不做贼的心一样，都铲除了，还何来闲思杂念？他要求人们必须把平素的好色、贪利、慕名之私欲统统清理干净，不得有纤毫遗留，使自己的心彻底纯洁空明，完全是天理。[①]

---

① 以上均参见《传习录上·陆澄录》。

有人问："欲于静坐时将好名、好色、好货等根逐一搜寻，扫除廓清，恐是剜肉做疮否?"阳明严肃地说："这是我医人的方子，真是去得人病根。更有大本事人，过了十数年，亦还用得着。你如不用，且放起，不要坏了我的方子。"那人十分惭愧地向先生道了歉，在座各位都感到汗颜。①

破除"心中贼"，阳明尤其要求"慎独"。他说，人如果不懂得在独知处用功夫，仅在人所共知处用功夫，就是虚伪；戒惧之心稍有放失，人不是昏愦糊涂，就是流于恶念。阳明还将人心中的私欲比喻为易患的疾病，要求不要等"心中贼"跑出来再去捕杀，而是平时就要服药调理，消灭在萌芽状态。

在王阳明看来，私欲是人不能充分发挥良知的一个根由。萧惠说，眼睛爱看美色，耳朵爱听美声，嘴巴爱吃美味，四肢爱享受安逸，这些私欲很难克除，怎么办呢?阳明说，难克也要克，我来替你克。美色使人目盲，美声使人耳聋，美味使人口伤，放纵令人发狂，所有这些，对你的耳、目、口、鼻和四肢都有损害。如果真的为了耳、目、口、鼻和四肢的健康，就要考虑耳朵当听什么，眼睛当看什么，嘴巴当吃什么，四肢当做什么。你的视、听、言、动都由你的心主宰，只要你心存天理，害怕伤了天理，就能做到戒惧于不看，恐惧于不听。心中但有丝毫私欲萌生，就有如刀剜针刺，不堪忍受，必欲除掉而后快。这就是阳明心学传授给我们铲除私欲的指导思想。②

阳明还以为，"愤怒""傲"等不好的情绪和习气也是"心中贼"。因为有所愤怒，心就不能中正。愤怒时较容易感情用事，有时会怒得过分，就失去了廓然大公的本体，所以要控制愤怒等不良情绪。③ 一个"傲"字，是人生最大的毛病。身为子女而傲慢，

---

① 参见《传习录下·黄省曾录》。

② 以上均参见《传习录上·薛侃录》。

③ 《传习录下·黄直录》。

必然不孝顺；身为人臣而傲慢，必然不忠诚；身为父母而傲慢，必然不慈爱；身为朋友而傲慢，必然不守信。[①]

梳理阳明“破心中贼”的逻辑关系：“破心中贼”即去人欲，“去人欲”即存天理，“存天理”即“致良知”。我们今天学习阳明心学，借用阳明在《传习录上·薛侃录》中的话说，就是要使为善的心真切。此心真切，见善就会向往，有过就会改正，这才是真切的功夫。如此一来，人欲就日益减少，天理就日益光明。如果私欲一天天减少，理义就能一天天滋润身心。

“心中贼”的哲学化、大众化表达应该就是“心理暗角”，阳明不说“心理暗角”，是因为“心中贼”更形象，更直接，更警醒。

① 《传习录下·黄以方录》。

# 第五讲 致良知

平定宁王朱宸濠叛乱之后，阳明发现无论是权倾朝野的官员，还是起来造反的普通民众，抑或是贵为皇亲国戚的藩王，都有“心中贼”。“心中贼”无法用外力来解决，自己的“心即理”“知行合一”“破心中贼”，是对人们提出的道德要求，但还不是解决方案，只有“致良知”才是实现这些道德要求的方法。“致良知”提供了最终解决方案。

## 第一节 缘　起

宁王朱宸濠在南昌举兵叛乱，当时因事涉皇室，各地官员都不知该怎么办才好。江西及邻近各处都有告急文书，或说江西省城有变，或说江西省城十分紧急，或说江西巡抚被害，或说南昌忽然聚集兵马船只，就是不敢直说宸濠谋反。原因有二：一是因事涉宗室，情况不明，不敢贸然张皇，徒取其祸；二是由于正德皇上行事荒唐朝纲紊乱，宁王谋事已久同党甚多，万一宁王成为燕王第二，岂不断了自己退路？阳明公然宣称宁王谋反，已是冒天下之大不韪，而且为了迷惑宁王又假称“钦奉密旨，会兵征讨”，更是不留回旋余地，有人感叹阳明此举实是“不顾九族之祸”[①]。

---

① 郑晓：《今言》卷之四·三百四，中华书局 1984 年版。

叛乱发生时，阳明正乘坐官船北上，他的职务是南赣汀漳巡抚，此时身上承担着往福建平定兵变的朝廷差遣。“官非守土，而讨逆之命又未下”[①]，江西省城的事情，他没有直接处理权，又没接到朝廷要他主持平叛的命令，他完全可以不管此事而径去福建办差。“未受巡抚之命，则各官非统属也；未奉讨贼之旨，其事乃义倡也。”[②] 特别是他通告各处，假称已奉密旨讨伐宁王，实在是铤而走险的。但是，国难当头，王阳明把维护国家安全放在了第一位，把个人甚至家族的安危放在了第二位。“本院职任虽非专责，危难安忍坐视，仗顺伐逆，鼓率忠义，豪杰四起，发谋协力。”[③] 他果断地承担了这个重任，自作主张，将由广东去北京赴任的官员截下留用，超越权限征调本省和外省军队，未经请示就自行宣布免征江西人民税粮。“使是时而非遇守仁，使守仁以南昌非故属，不以讨贼为己任；即使讨贼，张虚声，待奏报，而不速为扑灭之计。臣等知东南安危，未可必也。”[④]

王阳明之所以能在危急关头勇担重任，他在《五经七书评·孙子·地形第十》中的一段话是其思想基础：“若果‘进不求名，退不避罪’，单留一片报国丹心，将苟利国家，生死以之，又何愁不能‘计险厄远近’，而‘料敌制胜’乎？”

正德十四年（1519）七月，冒着灭门之祸，阳明辛辛苦苦平定了宁藩叛乱，却不断有坏消息传来。宸濠已擒，但荒唐皇帝朱厚照仍受宵小鼓惑亲征，以许泰为威武副将军，偕中官张忠率禁军先往。忠、泰不让王阳明奏捷，而是怂恿把宸濠放回鄱阳湖，

① 任士凭：《江西奏复封爵咨》，见王守仁《王阳明全集》卷三十九，上海古籍出版社1992年版。

② 王守仁：《再辞封爵普恩赏以彰国典疏》，见《王阳明全集》卷十三，上海古籍出版社1992年版。

③ 王守仁：《案行南安等十二府及奉新等县募兵策应》，见《王阳明全集》卷十七，上海古籍出版社1992年版。

④ 王得春：《浙江巡抚奏复封爵疏》，见王守仁《王阳明全集》卷三十九，上海古籍出版社1992年版。

让朱厚照自己亲手抓获。朱厚照为了满足自己到江南游玩的愿望，借口平定叛乱，率京军、边军几万人御驾亲征，于八月二十二日浩浩荡荡离开京师，杀奔江南，即使第二天就收到了阳明的报捷文书，仍坚持继续南下。

九月十一日，在得到张忠等沿长江直扑南昌、张永等沿运河进据杭州的消息后，阳明权衡利弊，立即将已俘虏了一个半月的宸濠等装入囚车，亲自押送杭州。来到杭州，张永拒不见，阳明叱门者径入，大声喊道："我王守仁也，来与公议国家事，何拒我！"张永为王阳明的气势所震慑，忙出来相见。"守仁因言江西荼毒已极，王师至，乱将不测"[1]，永乃大悟。阳明放心地将宸濠交给张永，自己住进西湖净慈寺静候消息。

张永亲自将囚于江上监车的叛王朱宸濠押解南京，交给皇上。果然，"张永在上前备言公尽心为国之忠之功，及彬等欲加害之意。既而彬等果诬公无君欲叛，上不信"[2]。有了张永在皇上面前的进言，朱厚照不再相信江彬之流的无端陷害，命阳明督兵讨贼，兼巡抚江西地方。

成大事者不计小节，不衅人言，为了让荒唐皇帝朱厚照早日离开南京返回北京，阳明决定重上告捷疏。正德十五年（1520）七月十七日，也就是宸濠被捉差不多整整一年时，阳明上疏称颂皇上的威德和指示方略，平藩完全是按皇帝旨意行事，所以功归皇帝，朱泰（即许泰）、张忠、朱晖（即刘晖）、魏彬、朱彬（即江彬）等奸佞，都列平叛功臣。朱厚照看了奏疏非常高兴，他不但师出有名，而且运筹帷幄，决胜千里：宸濠反状不明时，已经安排了一个王守仁在赣南；宸濠叛乱后，又在不动声色之间，让王守仁将宸濠收拾掉。阳明灵活的处事态度，让荒唐的正德皇帝

① 《明史·宦官一·张永》。

② 黄绾：《阳明先生行状》，见王守仁《王阳明全集》卷三十八，上海古籍出版社1992年版。

带着自欺欺人的愉快心情，在这年闰八月初八日，于南京举行了别开生面的“受俘”仪式。仪式上，命人将宸濠放出，披挂上阵的朱厚照只一个回合就将其“生擒”，演兵场上欢声雷动。四天后，得意的朱厚照结束了为期一年零一个月的南巡，在南京龙江码头乘船返北京，十月驻通州，宸濠伏诛。

还是在正德十五年（1520）六月，张忠、许泰之难并未解除，阳明来到赣州，大阅士卒，教战法，江彬派人来观动静。朋友劝其早回省城，无蹈危疑，阳明作《啾啾吟》解之：“东家老翁防虎患，虎夜入室衔其头。西家小儿不识虎，持竿驱虎如驱牛。”而且说：“吾在此与童子歌诗习礼，有何可疑？”门人陈九川等也替先生担心，阳明对他们说：“公等何不讲学，吾昔在省城，处权竖，祸在目前，吾亦帖然；纵有大变，亦避不得。吾所以不轻动者，亦有深虑焉耳。”[①] 经历了人生这段极端困难时期，阳明感觉自己于危难关头之所以能处理好这些事情，都是因为听从了内心良知的指引，否则没办法解释。所以在陈九川问他怎样寻找“稳当快乐处”的时候，他说是“致知”，并具体解释说：“你的那点良知，正是你自己的行为准则。你的意念所到之处，正确的就知道正确，错误的就知道错误，不可能有丝毫的隐瞒。只要你不去欺骗良知，真真切切地依循着良知去做，如此就能存善，如此就能除恶。此处是何等的稳当快乐！”

这就是阳明历百死千难得来的“致良知”，他自己是这么做的，也要求别人这样做。回到南昌，他就开始讲“致良知”。[②]

① 《年谱二》，见王守仁《王阳明全集》卷三十四，上海古籍出版社 1992 年版。

② 此前与正德十三年（1518）就去世了的徐爱谈论时，阳明就说过“致良知”的话，只是没有这么真切，也没有以此立教。参见《传习录上 · 徐爱录》。

## 第二节　王阳明以"致良知"立教

"致良知"是阳明心学体系中最有价值的部分。戒慎恐惧、集义、必有事焉、存天理去人欲、省察克治，这些道德修养的德目，在阳明晚年统统归之为"致良知"。"致良知"就是他此前所有学说的最高概括和总结，从这个学说中可以得到对他以前学说更深刻、更全面的理解。

"致良知是阳明心学的最后归宿，致良知说的提出，表现出他的思想在心学方向上的发展更加成熟，也使得格物及知行合一说都发生了某种微妙的改变，与佛教智慧的结合也更加圆融，正是这些，使得阳明把他的全部思想概括为'致良知'。"[①] 良知说的提出，使之前的"心即理""知行合一"可以发展出更加通达的表述。"心即理"可发展为"心里的良知即是天理"，"知行合一"可发展为"行为与良知要统一"。

阳明之所以最后只以"致良知"立教，主要基于良知说的生存意义、矫治社会弊病意义和哲学意义。

钱德洪说："盖师学静入于阳明洞，得悟于龙场，大彻于征宁藩。多难殷忧，动忍增益，学益彻则立教益简易。"[②] 从宁王叛乱到皇帝折回北京这十五个月时间里，阳明如高空走钢丝，稍有不慎就可能身成"齑粉"，但他不慌不惧应付自如，终于闯过了一道又一道鬼门关。他逐渐领悟到，帮助自己一次又一次化险为夷的不是别的，而是自己内心的良知。正德末期，王阳明开始明确揭示他的"致良知"学说。《年谱二》载：

---

① 陈来：《有无之境——王阳明哲学的精神》，人民出版社 1991 年版，第 165 页。

② 王守仁：《续编四序》，见《王阳明全集》卷二十九，上海古籍出版社 1992 年版。

先生闻前月十日武宗驾入宫，始舒忧念。自经宸濠、忠、泰之变，益信良知真足以忘患难，出生死，所谓考三王，建天地，质鬼神，俟后圣，无弗同者。乃遗书（邹）守益曰："近来信得'致良知'三字，真圣门正法眼藏。往年尚疑未尽，今自多事以来，只此良知无不具足。譬之操舟得舵，平澜浅濑，无不如意，虽遇颠风逆浪，舵柄在手，可免没溺之患矣。"①

"正法眼藏"为佛教用语，"眼"是明照一切事物，"藏"为包含万德，本意是指无上正法，阳明借以说明致良知在圣学中的作用和地位。

在平定宁王叛乱的整个过程中，王阳明的确是经历了百死千难。宸濠蓄谋已久，爪牙遍布，矫称按旨，远近震慑，阳明仓促应变，强弱悬殊，稍有差池，即有灭顶之灾，所以御史黎龙评论说："平藩事，不难于成功，而难于倡义。"乱平后，功在社稷却身罹谗构，危疑汹汹，不保朝夕，所以钱德洪又说："平藩事不难于倡义，而难于处忠、泰之变。"②

良知说确为阳明"当利害，经变故，遭屈辱"的经验之谈。擒濠后，阳明的盖世之功非但未得到任何肯定与奖励，反而遭到内官在皇帝面前的恶毒诋毁，在"暗结宸濠""目无君上""必反"等被罗织的罪名之下，处于"君疑"的地位，随时可能有杀身灭门之祸，这可以说是古代士大夫所遇到的最险恶的人生处境。最后能历险而夷，和阳明作为一个哲学家的成熟稳健是分不开的。良知自信。良知说的生存意义，即不动于心、不动于气的本然状态的意义，在那样艰难的情境下，"平时愤怒者到此能不愤怒，忧

① 读王守仁《王阳明全集》卷五载《与邹谦之》二书，分别在正德十六年（1521）五月和嘉靖四年（1525），卷六载《寄邹谦之》五书，都在嘉靖五年（1526），大意虽备，但未见原文，疑此话为《年谱》撰者综合概括而来，或另有一书，也未可知。

② 引文均见《年谱二》，王守仁《王阳明全集》卷三十四，上海古籍出版社1992年版。

惶失措者到此能不忧惶失措”①，高度沉着，泰然处之，临危不乱。经此事变，阳明终于确信，良知不仅可以使人达到道德的至善，而且可以让人真正达到“不动心”的境界。只有从这里才能理解良知说从“百死千难”中体悟得来的说法。

王畿曾记阳明述江西之变：“师曰：……只如人疑我与宁王同谋，机少不密，若有一毫激作之心，此身已成齑粉，何待今日！动少不慎，若有一毫假借之心，万事已成瓦裂，何有今日！……自经此大利害、大毁誉过来，一切得丧荣辱，真如飘风之过耳，奚足以动吾一念？今日虽成此事功，亦不过一时良知之应迹，过眼便为浮云，已忘之矣！”②

越过了这样的险恶困境，王阳明才更明确、更坚信他的良知学说。此前，在与徐爱谈话时，在滁州与弟子讲学时，阳明已多次提起“致良知”的话头，只是没有用它作为最主要的口号。从此以后，他就在思想上专主“致良知”了。

良知不仅是儒家的本心，同时也是佛家的妙智，面对特别险恶的政治环境，对自己要有绝对的信心，尤其是遭到谗言诬陷时，就更需要保持自己的独立人格和自由意志。所以阳明说：“依此良知，忍耐做去，不管人非笑，不管人毁谤，不管人荣辱，任他功夫有进有退，我只是这致良知的主宰不息，久久自然有得力处，一切外事亦自能不动。”③

“原来王学的萌芽，他良知学说的根柢，是有生命的，是有活力的，是那样地执著，那样地跳脱，从多方面的兴趣，复杂的经验中流变出来的。……他的良知，决不是现成的东西，也不是平易简单的把戏，更不是空疏无着落的一句话。”“宸濠、忠、泰之变，和龙场驿的贬谪，在王学的历程里，真好说是后先辉映。无

① 王守仁：《与王纯甫》，见《王阳明全集》卷四，上海古籍出版社 1992 年版。

② 王畿：《读先师再报海日翁吉安起兵书序》，见王守仁《王阳明全集》卷四十一，上海古籍出版社 1992 年版。

③ 《传习录下·黄修易录》。

怪阳明要说他的良知之说是从百死千难中得来了。”[1]

“致良知”的提出，是阳明“生存智慧的升华，是心灵经历艰苦磨炼发生的证悟”[2]。对于一般人来讲，致良知会减少自己的人际冲突。“廓然大公”“返身自求”是阳明论致良知的关键话语，他告诫说：如果只去指责别人，就只能看到别人的错误，不会看到自己的缺点。若能反身自省，才能看到自己有许多不足之处，哪还有时间去指责别人？[3]

如果说宋朝以收敛个性为主，那么明朝则以张扬个性为主，官场上无事生非以显示自己，官员之间以高尚的名义打击异己等，都是经常上演的节目。从成化、弘治以来，社会经济格局和人们的价值观念都发生了巨大的变化，上至皇帝，下至平民百姓，都在追逐生活的奢靡，逐名于朝，求利于市，士林道德堕落，社会风气颓废。凡有识之士，都在寻找进行社会改良的途径。武宗一死，大学士杨廷和就用行政权力主持了对勋贵、宦官的清算，革除正德时期的种种积弊，实质上是在中央进行社会改良。阳明在这前后提出“致良知”，要人人都恢复自己被掩盖、被泯灭的良知，都从自身做起，都按道德和法律要求办事，其实是想在人们的观念中进行一次社会改良。

阳明身处的环境：昏君当朝，宦官专权，士大夫心灵缺乏良知的光芒，世风黑暗如夜。“阳明一生的事功是在‘月黑杀人夜’中奇迹般地完成的，阳明学的宗旨是想给黑暗如夜的人世带来光明”，“人心这杆秤的秤砣，阳明说就是良知，它自体不动，无善无恶，却能量出善恶是非。”[4]

士大夫们沦为道德沦丧的帮凶，是社会最大的危机。必须改

① 钱穆：《王守仁》，商务印书馆1947年版，第41、50页。

② 陈来：《有无之境——王阳明哲学的精神》，人民出版社1991年版，第164页。

③ 参见《传习录下·黄修易录》。

④ 周月亮：《王阳明内圣外王的九九方略》，中华工商联合出版社2002年版，第2、5页。

变士大夫们的想法，唤醒时人重新正视当今国家社会的问题。良知为人人自带，堵住了为自己恶行辩解者的退路。有良知自然能辨别善恶。能够致良知，那么心就能做它该做的事。人们每天面对很多事，应该做的就去做，应该停的就停下，应该生的就生存，应该死去的就死去。[①] 良知会对自己的认知进行判断，有良知做主宰，思想就不会跑偏。“随他多少邪思枉念，这里一觉，都自消融。真个是灵丹一粒，点铁成金。”[②] 所以谢无量理解阳明心学后说：“良知犹去恶成善之灵药也。”[③]

“致良知”的时代社会根源，说明其确为经世致用的学问，“人人心中有良知”这样的命题任何人都是可以接受的，致良知对人的教育，是循循善诱，不是剑拔弩张；对社会，是渐序改良，不是狂飙突起。

阳明自己曾说：“吾‘良知’二字，自龙场以后，便已不出此意，只是点此二字不出，于学者言，费却多少辞说。今幸见出此意，一语之下，洞见全体，直是痛快，不觉手舞足蹈。学者闻之，亦省却多少寻讨功夫。学问头脑，至此已是说得十分下落，但恐学者不肯直下承当耳。”[④]

自江西平濠后，阳明的所有思想，如心外无理、知行合一以及困扰他多年的儒佛问题都汇归到“致良知”里，得到了一个总结、提升和融会。“良知”为知，“致”则有力行之义，所以阳明认为“致良知”体现了“知行合一”的精神，故说“致良知”“即吾所谓知行合一”。他曾明确指出知行本体即是良知，在知行功夫上复良知本体，即是致良知。“致良知学说虽是他晚年提出来

① 参见《传习录中·答欧阳崇一》。

② 《传习录下·陈九川录》。

③ 《谢无量·阳明之伦理学》，见冯友兰等著《知行合一：国学大师讲透阳明心学》，台海出版社2016年版。

④ 钱德洪：《刻文录叙说》，见王守仁《王阳明全集》卷四十一，上海古籍出版社1992年版。

的，却也是他中年所提倡的知行合一说的发展。不过，比之知行合一说来，‘致良知’三字却更简易更真切，更充分地表达了他成熟的思想体系的要点。”[①] “知行合一虽为工夫切要，但未及心体。心外无理虽论心体，但非功夫。格物为正念头虽为反身功夫，终是缺却本体一截，而‘致良知’本体功夫一齐收摄，无怪阳明多次称之为‘圣门之正法眼藏’。”[②]

阳明体悟到，“良知”二字是整个儒家学说的精髓，是今人与古圣贤唯一相通之处，得此良知，就没有对付不了的麻烦。自从揭致良知之教后，不论讲学还是应事接物，阳明张口闭口都是“良知”“致良知”，很少再讲别的。他用“良知”概括千古圣学：“绵绵圣学已千年，两字良知是口传。”[③] 还用“良知”概括自己平生所讲之学：“吾平生讲学，只是‘致良知’三字。”[④]

人人都说阳明晚年专讲致良知，阳明自己也多次说过，他一生讲学，只是“致良知”三个字，但王艮却说，先生开始是说“致良知”，后来只说“良知”。明末大儒刘宗周曾论说阳明一生学问：“先生教人，吃紧在去人欲而存天理，进之以知行合一之说，其要归于致良知，虽累百千言，不出此三言为转注。”[⑤] 刘宗周是真懂阳明的，所谓“去人欲而存天理”“知行合一”“致良知”，其实是阳明在不同阶段教学生的用功方法，表现了阳明不断对自己学说进行总结的过程。在北京及滁州、南京时期，阳明主要讲“去人欲而存天理”，在赣州主要讲“知行合一”，在南昌开始讲“致良知”，而在绍兴守制赋闲期间，越到后来，越只讲

---

① 邓艾民：《朱熹王守仁哲学研究》，华东师范大学出版社 1989 年版，第 175 页。

② 陈来撰：《有无之境——王阳明哲学的精神》，人民出版社 1991 年版，第 161 页。

③ 王守仁：《别诸生》，见《王阳明全集》卷二十，上海古籍出版社 1992 年版。

④ 王守仁：《寄正宪男手墨二卷》，见《王阳明全集》卷二十六，上海古籍出版社 1992 年版。

⑤ 黄宗羲：《阳明传信录小引》，见《明儒学案》卷十《姚江学案》，中华书局 1985 年版。

“良知”了。到这时，阳明才真正完成了心学体系的建构。

“去人欲而存天理”远不如“知行合一”来得直接；“知行合一”的要旨就是要“致良知”；“致良知”只是一种功夫，“良知”才是本体。从这个角度来看，王艮是真正体会到了阳明学说的不断深入和达到极致。“良知犹主人翁，私欲犹豪奴悍婢。主人翁沉疴在床，奴婢便敢擅作威福，家不可以言齐矣。若主人翁服药治病，渐渐痊可，略知检束，奴婢亦自渐听指挥。及沉疴脱体，起来摆布，谁敢有不受约束者哉？良知昏迷，众欲乱行；良知精明，众欲消化，亦犹是也。”[①] 阳明心学的主旨，就在于唤醒人们心中的良知。

## 第三节 “致良知”释义

良知学说虽是阳明于自己的经历中体验得来，但他发现，不但处事管用，而且治学也管用。乱臣、乱民、乱王都有心中贼要排除，都需要道德自省，都可以良知做解药。平时作伪于外、心机百出的焦芳，于“诛刘瑾”之大是大非面前，舍良知而行，不可能不欺心妄作。聚众做贼的乱民，也知道抢人钱财不对，他们上山为盗也是舍良知而行。朱宸濠贵为藩王，当然知道不应该抢夺皇位，他举兵叛乱更是舍良知而行。学为好人，舍“致良知”还能有什么更好的办法吗？美好品德，唯致此良知而已。

“苟非以良知为舵，亦何以自支于惊风巨浪之中乎？良知诚大柄哉！”阳明自己身处宸濠之乱、忠泰之难时，以良知为舵，良知要我怎么做，我就怎么做，从而驶过了激流险滩，挽狂澜于既倒，为国家为人民避免了一场大灾难。诛刘瑾之“惊风巨浪”中，吏

① 王守仁：《传习录拾遗》第 2 条，见《王阳明全集》卷三十二，上海古籍出版社 1992 年版，第 1167 页。

部尚书焦芳出于个人私利，丧尽良知与阉党比附，使正直官员蒙受惨绝打击，朝廷君主养成空前荒唐，国家政事处于一片混乱，底层民众陷入深重灾难。身为高级官员不以良知为舵，自立于朝政大是大非面前，却以一时之功利，贻祸于将来。

王阳明说得很简单，世界上的一切事，无非就是是非善恶，分清是非善恶是良知作为品德方面自有的能力。如何为人处世，一切依内心的良知来判断。“致良知”就是随时知是知非，随时为善去恶。

“致良知”直接就是心理不一、知行分裂的对治方法，对治人心放迷之祸，改变心为物役的现实，其运行原理就是按良知的本能指引去做人做事。理论上，人应该把自己的良知当成唯一的人生准则，可现实是，很多人向来都不是听从良知的命令，而是逆天理而行。“致良知”要求人们把“知”和“行”都落在“良知”上。也就是说，做什么事情都要有善良的动机，以保证“行”的结果是良善的。“致良知”就是不生邪僻之心。在阳明那里，良知就好比规矩尺度，天下之物、世上之事、社会之人，方圆长短不可胜穷，讲规矩，讲尺度，则各尽其用；不讲规矩，不讲尺度，则乖张谬戾百无一用，甚至祸国殃民。

王阳明深感良知的光明，可以拂去云雾般的人欲。“致良知”强调人的主观能动性，贪心恶念刚起的时候，即予以去除。良知能戒慎恐惧，有使人不做恶的作用，因为害怕做恶事而受良心惩罚，而不去做恶事。“致良知”就是在当下面临的事物上为善去恶：

尔那一点良知，是尔自家的准则。尔意念着处，他是便知是，非便知非，更瞒他一些不得。尔只不要欺他，实实落落依着他做去，善便存，恶便去。他这里何等稳当快乐。此便是格物的真诀，致知的实功。[1]

临事起意，或动善念，或动恶念，谁也不能避免左右摇晃，如果没有良知在那里指导，任凭个人私欲冲发，全无良心责任，结果必然是水深火热，国家人民都遭殃的局面。既有知善知恶的良知，良知一定是命令我择善的，于是为善去恶，天下为公，便成为我对自己良知应负的责任。梁启超要求人们按阳明所说，抓住“良知”这根命根子往前致，“由阴霾天的日，致出个浮云天来，由浮云天的日，致出个青天的日来”“致到通体光明”，便是“经纶宰制者”成贤成圣的事业。[2]

致良知的功夫，说易固然易，说难又真难。人每时每刻都要面对纷纭复杂的事情，尤其是官员（即梁启超所说的“经纶宰制者”，出自《传习录中·鉴聂文蔚》），每天处理政事、民事，都要以良知来判断是非对错，依良知来指导为善去恶，而不可以对自己有利没利来抛却是非对错之心。

在阳明心学的逻辑链条上，“心即理”“知行合一”都是要“存天理，灭人欲”，天理就是良知，千思万虑，只是要“致良知”。

良知为人人自带，无论怎样也泯灭不了，比如盗贼，你说他是贼，他也会羞愧而不好意思。

阳明有“明镜之喻”，将良知比喻为明镜，没有一点灰尘。在镜子面前，美丑原貌毕露。有人问，“人情机诈百出”，只有我讲诚信，别人不讲诚信，不是常常会受欺骗吗？阳明回答，良知常觉常照，就仿佛明镜高悬，任何事物在明镜面前都不能藏其美丑，如果有不诚信就能觉察，所以也就欺骗不了你。[3]

---

① 《传习录下·陈九川录》。

② 参见《梁启超·王阳明知行合一之教》，转引自冯友兰等著《知行合一：国学大师讲透阳明心学》，台海出版社2016年版。

③ 参见《传习录中·答欧阳崇一》。

阳明指出，良知的功用就是判别是非善恶，是非仅是个好恶，明白好恶就穷尽了是非，穷尽了是非就穷尽了万物的变化。“是非两字是个大规矩”[①]，凡善恶之起因，真伪之分别，都可以用我内心的良知来体察。良知要求慎独：“良知即是独知时，此知之外更无知。”[②] 所谓“人虽不知而己所独知”这句话，正是我内心良知所在。凡有想法产生，我心之良知肯定知晓，是善的，良知自会知道，是恶的，良知也会知道。也是良知要我善便存恶便去。

为什么有人做事没良知呢？阳明指出，那是因为他的心被私欲迷惑了，所以要用“致知”“格物”的功夫，战胜私欲，恢复天理，使良知再无障碍，彻底显露，这就是“致良知”。如果大家都能“致良知”，就自然能辨别是非，具有共同的好善厌恶之心，待人若己，爱国如家，与天地万物为一体。若能如此，国家就一定能治理好。

“致良知”的要义在哪里呢？阳明以为，主要还是要在“慎独”上下功夫。欲廓清私欲的念头，除却“致良知”没有别的办法，“因为心术隐微，只有自己的良知方能照察得出”[③]。所以他又说“谨独即是‘致良知’”[④]。“致良知”强调独自一人时更要注意自己的“一时之念”，不要做出有违道德的事情来。人们常常在看得见听得到的时候能够“致良知”，而在看不见听不到的地方就不去“致良知”，所以在看不见听不到的地方“戒慎恐惧”，方是“致良知”的功夫。阳明曾以佛家手指显出和入袖为例：一位禅师出一手指问看见了吗，大家说当然看见了；又把手放在袖子里问看见了吗，当然说没看见。阳明说露出的手指大家可以看见，袖

---

① 《传习录下·黄省曾录》。

② 《答人问良知二首》，见王守仁《王阳明全集》卷二十，上海古籍出版社 1992 年版，第 791 页。

③ 《梁启超·王阳明知行合一之教》，转引自冯友兰等著《知行合一：国学大师讲透阳明心学》，台海出版社 2016 年版。

④ 王守仁：《与黄勉之》，见《王阳明全集》卷五，上海古籍出版社 1992 年版。

子里的手指别人看不见但你自己知道，只在别人看见的时候做好事还不行，重要的是，在别人看不见的时候做好事，不做坏事。在“人不知己知”处“慎独”，才是功夫实落处。[①]

“种树者必培其根，种德者必养其心”[②]，致良知是心学的灵魂，是阳明此前所有学说的最高概括和总结。冈田武彦指出，王学为“培根之学”。王阳明在提出“致良知”之前，将诚意作为培根之学的主旨，提出“致良知”后，致良知就成为培根之学的主旨。[③]“良知原本是每个人所先天具有的一轮明月，只要拨开眼前的迷雾，就能见到良知的光明。就是目不识丁的人也容易懂这个道理，并付诸实践。”“所谓良知，就是通过自我的不断努力，使自己获得进步，天天向上。”[④]良知说是一个严格的生命体，它包含敏锐的道德感知，也包含道德批判。[⑤]

梁启超指出，王阳明的“致良知功夫，只是对于某件事应做不应做，求得一个定盘针”。阳明要求人们在个人私欲面前，要把良知当作严明的判官，自己常像法庭一般，对个人私欲进行审判。一切言行均从良知发生出来，才不至于出现离经叛道的行为。这样不仅对国家人民有利，自己也能泰然安稳，得到满意的人生。梁又指出，致良知的功夫，最要紧的就是把私欲清除干净，“不以本身利害为本位，纯采第三者的态度，由当局而抽身出来，像旁观者一样，而且并不要讨好于任何部分人，不要任何部分人恭维他，赤裸裸的真，信凭他的良知来判断……那么我们敢保证，他

---

① 参见《传习录下·黄以方录》。

② 《传习录上·薛侃录》。

③ 参见冈田武彦《王阳明大传：知行合一的心学智慧》（中），重庆出版社 2015 年版，第 162 页。

④ 冈田武彦《中国贵州王阳明国际学术讨论会贺词》，1996 年 7 月 11 日。

⑤ 参见冈田武彦《王阳明大传：知行合一的心学智慧》（上），重庆出版社 2015 年版，第 8 页。

下的判断，一定是‘忠恕违道不远’了”[①]。

王阳明的良知学说当时很多人不理解，但阳明自己非常自信：“今诚得豪杰同志之士扶持匡翼，共明良知之学于天下，使天下之人皆知自致其良知，以相安相养，去其自私自利之蔽，一洗谗妒胜忿之习，以济于大同。”[②] 若能得到志同道合的杰出人才来扶持辅助我，共同使良知之学光大于天下，让全天下的人都懂得致其良知，借以彼此帮助启发，剔除自私自利的毛病，将谗言、嫉妒、好胜、愤恨等恶习荡涤干净，天下大同的理想社会就不难实现了。

蒋庆先生指出，“阳明心学的核心则是良知之教。良知是人人都具有的心性本体，是天理在吾心之昭明灵觉，是主宰身心宇宙的天植灵根，是生生不息的天地万物一体之仁。故良知是人类生命的至善本源，是历史文化的究竟依止，是人类行为的天则明师，是创造历史未来的根本动力”，但是“阳明良知心学的实践意义在现代中国丧失了”，应该“将濒临失传的良知心学重新寻归神州故土，在中国大地上灵根再植”。[③]

---

① 均见《梁启超·王阳明知行合一之教》，见冯友兰等著《知行合一：国学大师讲透阳明心学》，台海出版社 2016 年版。

② 《传习录中·答聂文蔚》。

③ 蒋庆：《良知是人类未来的希望——阳明心学暨良知工程国际研讨会开幕致辞》，1994 年 9 月 19 日。

# 第六讲　事上磨炼

阳明自创立心学起，就开始讲事上磨炼了，“致良知”更是强调事上磨炼。“致良知”必须体现在具体事情上，必须在实践中才是真知。只在口头上喊“致良知”，而行动上并不“致良知”，只喊别人致良知，自己并不“致良知”，那便是“贼知”。

## 第一节　缘　起

王阳明正德五年（1510）农历十一月从庐陵到北京，黄绾认为他的学说就是禅宗的变种，和陆九渊学说毫无二致。

黄绾问王阳明：“怎么个心上用功?”

王阳明回答：“你的心能知是非善恶，一个恶念发动时就克掉它，一个善念流行时就保持它。”

黄说：“这不就是禅宗吗？禅宗说，人人都有佛性，佛向心头做，莫向心外求。禅宗说顿悟，你说狠斗私心一闪念，没有任何区别。”

王阳明摇头：“不一样。禅宗说了‘人人都有佛性’后就枯坐，什么都不管了；说了‘佛向心头做’后就真的在心头做，不去实践。而我说了‘在心上用功’后，必须去实践。”

黄绾说：“这还是朱老夫子的‘去万事万物上格真理’啊。”

王阳明又摇头：“朱熹说是去实践中寻找真理，而我认为，真理已在我心中。我去实践，只是去验证这个真理，其实最终的目的就是磨炼我们的心。”

黄绾恍然大悟，茅塞顿开，成为王阳明最忠实的信徒之一。

上面是度阴山根据阳明先生《年谱》，在他的《知心合一王阳明》一书中编写的一个桥段。这个桥段基本真实地道出了王阳明强调“事上磨炼”的真谛。

王阳明讲“知行合一”，认为一个恶念就是一个行动，人最好是不起恶念，所以必须要静心。他又担心人们把静坐当成目的，流入枯禅，所以提倡事上磨炼，终极目的还是让人“存天理，去人欲”。去人欲的目的就是让人心存天理，有真理在心，就不会对任何荣辱动心而陷入对物欲的追逐。他说：“我此间讲学，却只说个‘必有事焉’……不去‘必有事’上用功……济济荡荡，全无实落下手处……学成一个痴呆汉，才遇些子事来，即便牵滞纷扰，不复能经纶宰制。”[①] 经纶，即规划、管理政治的才能；宰制，乃统辖支配，或指宰辅之职。可见，他说的“必有事”“事上磨炼”之事，主要是指“经纶宰制”之事。他主要是要求大多经过科举训练的朝廷官员在“经纶宰制”之事上磨炼，即站在政治的高度，站在为国家为人民的角度，而不是个人私利的角度，来尽心尽责。只是他表面上好像是要求有可能成为朝廷官员的学者“事上磨炼”，进而推广至要求世人皆“事上磨炼”。表面上他讲的是学术，实际他讲的是官场，是世情。

阳明在江西，有一属官常来旁听讲学，私下对人说：先生的致良知学说的确精彩，我只是每天文件、案件等极其繁重，没时间去实践。阳明听后对他说：怎么能放弃文件、案件去实践呢？你既然要断案，就从断案的事上学习实践，如此才是真正的格物。例如，当你判案时，不能因为对方的无礼而恼怒；不能因为对方言语婉转而高兴；不能因为对方的请托而存心整治他；不能因为对方的哀求而曲意宽容他；不能因为自己的事务烦冗而随意草率

① 《传习录中·答聂文蔚》。

结案；不能因为别人的诋毁和陷害而随别人的意愿去处理。这里所讲的一切情况都是私，唯你个人清楚。你必须仔细省察克治，唯恐心中有丝毫偏离而枉人是非，这就是格物致知。处理文件与诉讼，全是切实的实践活动，如果抛开事物谈实践，就会不着边际。[①]

阳明训“格物”为“正事”，强调“事上磨炼”，“欲致其良知，非影响恍惚悬空无实之谓，必实有其事”[②]，“人须在事上磨炼做工【功】夫乃有益”[③]。有人或说大事上“致良知”，阳明说“除却见闻酬酢，无良知可致”[④]，陆九渊教人专在人情事变上做功夫，阳明谓“除了人情事变则无事矣”[⑤]。在阳明那里，“致良知”无小事：孝敬老人就在孝敬老人这件事上“致良知”，侍奉君主就在侍奉君主这件事上“致良知”，仁民爱物就在仁民爱物事情上“致良知”，视听言动时就在视听言动上“致良知”。

梁漱溟解释阳明所说“事上磨炼”指出：“盖良知虽本具，然亦不难丢掉，良知虽已足，然亦不难欠明醒。吾人当求其所以常在常明保不昏失。”他还说：“良知即俗云良心，为人所共有，遇事而见，或时牵于一身一家一群之利害得失而昧之。”[⑥]世相纷纭，常常令人眼花缭乱，心有旁骛，而陷于混沌迷失。阳明的意思是，谁都生活在各种圈子及自身局限当中，往往会因为自身及圈子的利害得失，而做出有失公允的事情来。所以吾人应平时慎独，事上磨炼，时时事事“致良知”。

---

① 参见《传习录下·陈九川录》。

② 王守仁：《〈大学〉问》，见《王阳明全集》卷二十六，上海古籍出版社 1992 年版。

③ 《传习录下·陈九川录》。

④ 《传习录中·答顾东桥书》。

⑤ 《传习录上·陆澄录》。

⑥ 《梁漱溟·阳明宗旨不可不辨》，转引自冯友兰等著《知行合一：国学大师讲透阳明心学》，台海出版社 2016 年版。

## 第二节　王阳明的心学实践

王阳明平藩王朱宸濠之叛，无疑是他遵从内心良知判断而进行的一次心学实践活动，并由此生发了“致良知”学说，这在前面已经讲过。现在我们再看他在平赣闽粤湘边民乱及招抚思田夷民、扫除八寨断藤峡匪巢中的心学实践。

平定赣闽粤湘边民乱时，他甚至说过这样的话：“某自征赣以来，朝廷使我日以杀人为事，心岂割忍？但事势至此。譬之既病之人，且须治其外邪，方可扶回元气，病后施药，犹胜立视其死故耳。”[①] 良知使他抱着医生治病的心态去平定民乱。医者仁心，正是心学家的救世之道。

定和平解决思恩、田州方案时，阳明知道会得罪某位权臣，他给门人写信说，我深知这个和平方略必然大逆喜事者之心，“然欲杀数千无罪之人以求成一己之功，仁者之所不忍也”[②]。“迩者思、田之役，予所以必欲招抚之者，非但以思、田之人无可剿之罪，于义在所当抚，亦正不欲无故而驱尔等于兵刃之下也。”[③]“不忍”“不欲”皆良知使然。还是良知告诉他，为了维护民众生命财产安全，即使不讨上司喜欢，也要这么做。只有良知使然，才有可能这么自信。

平定民乱固然是朝廷之命，而王阳明说服自己动手的理由又是什么呢？

---

① 钱德洪：《征宸濠反间遗事》，见王守仁《王阳明全集》卷三十九，上海古籍出版社 1992 年版。

② 王守仁：《答方叔贤》二，见《王阳明全集》卷二十一，上海古籍出版社 1992 年版。

③ 王守仁：《祭永顺宝靖土兵文》，见《王阳明全集》卷二十五，上海古籍出版社 1992 年版。

“今三省连累之贼，非杀之为难，而处之为难；非处之为难，而处之者能久于其道之为难也。”① 事情就是这么棘手。以前官军无能，剿之不尽，没有办法，只好招抚了事，但匪首将朝廷的钱物一概收下，不久又攻城掠寨，打家劫舍，如此一而再、再而三，弄得朝廷毫无办法。巡抚南赣，阳明根据各地匪情报告，上奏说：“臣等参看得前项贼徒，恶贯已盈，神怒人怨。譬之疽痈之在人身，若不速加攻治，必至溃肺决肠。”② 王阳明痛下杀手的原因，主要是那些山贼头目已到了十恶不赦、神人共怨的程度，良知要他必须切除局部溃烂而保全整体的健康。还是医者仁心的思路。

当时的情况，“且就赣州一府观之，财用耗竭，兵力脆寡，卫所军丁，止（只）存故籍；府县机快，半应虚文；御寇之方，百无足恃”。起了土匪怎么办呢？“每遇盗贼猖獗，辄复会奏请兵；非调土军，即倩狼达，往返之际，辄已经年；糜（靡）费所须（需），动逾数万；逮至集兵举事，即已魍魉潜形，曾无可剿之贼；稍俟班师旋旅，则又鼠狐聚党，复皆（结）不轨之群”。要命的是，“群盗习知其然，欲肆无惮。百姓谓莫可恃，兢（竞）亦从非”。③ 没有户籍的流民基本都加入了土匪的队伍，讲究现实的当地居民也大多成了奸猾的刁民，“闻有大兵夹攻，俱各潜行回家，遇有盘诘，辄称被虏逃归，因而得脱诛戮”④。良知要他为一个病入膏肓之人扶正元气。

《告谕浰头巢贼》一文，全面体现了阳明的良知思想。

“本院巡抚是方，专以弭盗安民为职”，平乱是他的职责所在。

---

① 王守仁：《与顾惟贤》，见《王阳明全集》卷二十七，上海古籍出版社 1992 年版。

② 王守仁：《攻治盗贼二策疏》，见《王阳明全集》卷九，上海古籍出版社 1992 年版。

③ 引文均见王守仁《选拣民兵》，见《王阳明全集》卷十六，上海古籍出版社 1992 年版。

④ 王守仁：《咨报湖广巡抚右副都御史秦夹攻事宜》，见《王阳明全集》卷十六，上海古籍出版社 1992 年版。

"民之被害来告者，月无虚日"，平乱是民众的强烈要求。"尔等苦必欲害吾良民，使吾民寒无衣，饥无食，居无庐，耕无牛，父母死亡，妻子离散；吾欲使吾民避尔，则田业被尔等所侵夺，已无可避之地；欲使吾民贿尔，则家资为尔等所掳掠，已无可贿之财"，土匪为非作歹，朝廷已到了退无可退的地步。"岂知我上人之心，无故杀一鸡犬，尚且不忍；况于人命关天，若轻易杀之，冥冥之中，断有还报，殃祸及于子孙，何苦而必欲为此"，真的要开杀戒，还是有些不忍心。"尔等今虽从恶，其始同是朝廷赤子；譬如一父母同生十子，八人为善，二人背逆，要害八人；父母之心须除去二人，然后八人得以安生；均之为子，父母之心何故必欲偏杀二子，不得已也"，动手的理由已十分充足，行前还是给那些山贼留着投降自首的生路。

这是一种既替皇上和国家解忧，又替天下苍生排难，还为贼寇从良留出路径，完全从良知出发的平乱思想。

王阳明诱杀池仲容，遭人诟病最多。但池仲容等盘踞一方，历有岁年，僭称王号，伪设官职，广东翁源、龙川、始兴，江西龙南、信丰、安远、会昌等县，屡被攻围城池，杀害官军，焚烧村寨，掳杀男妇，岁无虚日。曾经狼兵夹攻数次，俱被漏网，是众贼奸雄之巨擘，三省群盗之根源。我们可从《浰头捷音疏》看阳明向朝廷陈述池大胡子必杀的七个理由：

一、恃强蛮，不听告谕。正德十二年（1517）五月，王阳明进兵横水之前，恐浰贼乘虚出扰，乃自为告谕（即《告谕浰头巢贼》），具述福祸利害，使人往谕，赐以银布，各寨酋长皆愿出投，唯池仲容独愤然谓其众曰："我等做贼已非一年，官府来招亦非一次，此亦何足为凭！"

二、耍花招，投降心不诚。十月十二日，王阳明已破横水，池仲容闻知始惧，使其弟池仲安率老弱二百余徒，佯为援兵，实为窥探虚实，且计日后乘间内应。

三、民愤极大，民怨沸腾。王阳明召集临县被害者军门计事，皆反映池仲容狡诈凶悍，非比他贼，其出劫行剽，皆有深谋，人不能测。

四、自知罪大恶极，国法难容，故其所以捍拒之备，亦极险谲。近年来，奸谋愈熟，恶焰益炽，官府无可奈何，是以益无忌惮。

五、为战备，说明其终不能化。十一月，桶冈破，阳明侦知池仲容为战守备，准备迎击官军。十二月十五日，有人报告池仲容今已点集兵众，号召远近各巢贼首，官兵一至，即同时并举。

六、怀割据之志，僭号设官。池仲容自号金龙霸王，各巢贼首也都授以总兵、都督等伪官。浰头诸贼，虽亦剽劫掳掠是资，而实怀僭拟割据之志。

七、个人势力太强大。池仲容、池仲安等皆力搏猛虎，捷兢飞猱；凶恶之名久已著闻，四方贼党素所向服；是以负固恃顽，屡征益炽。

“有的人活着，别人就不能活”，按当时朝廷标准，池仲容绝不可留，王阳明也是以良知判断他应该杀，所以才把他杀了。

“舜不告而娶”“武王不葬而兴师”，是一直以来学者们热衷讨论的道德话题。王阳明认为，舜不告父母而娶妻，武王未葬其父文王而兴师伐纣，都是依据自心一念之良知，审度轻重后，才这样做的。舜担心没有后代，武王真心拯救百姓，这些都是他们细查义理“致良知”的实践。他对舜不告而娶妻、武王不葬文王而伐纣的理解，是他杀池仲容、捣八寨的思想基础和理论根据。[①]

正是在这些事上的磨炼，使王阳明的良知学说越磨越光明。

① 参见《传习录中·答顾东桥书》。

## 第三节　“事上磨炼”释义

嘉靖七年（1528）十月，王阳明在广西以病情加剧上书告假，归途中强撑病体给聂文蔚写信，申明“事上磨炼”之真谛。与聂文蔚论学的第二封书信《答聂文蔚·二》，是王阳明的绝笔书信，即他临终前最为强调的，就是“致良知”要“事上磨炼”的重要性。

事上磨炼就是随物而格。

事上磨炼就是致良知的念头常提不放。

事上磨炼就是把处理事情和培养本源当成一件事，磨炼在自己心里存天理。

事上磨炼：有人落水，如果不能“致良知”，就会依然在那里礼让谈笑而不去救落水者；如果能“致良知”，一定会痛心疾首，奔走呼号，竭尽全力去搭救。

事上磨炼的效果，应该是在每件事上“致良知”之后，身心是愉快的。

酬酢万变，应该做的就去做，应该停下的就停下，应该生的就生存，应该死的就死去，事事不过“致良知”罢了。

夫“必有事焉”，只是“集义”。集义只是“致良知”。说集义则一时未见头脑，说致良知即当下便有实地步可用工（功）。故区区专说致良知，随时就事上致其良知，便是格物；着实去致良知，便是诚意；着实致其良知而无一毫“意必固我”，便是正心。[1]

---

① 《传习录中·答聂文蔚》（二）。

“必有事焉而勿忘勿助”是孟子告诉公孙丑如何培养他的浩然之气时说的：对于一定要发生的事，先不要有所预期，但也不能置之不理，心里要想着这个事，也不要去助长它。“集义”犹积善，谓行事合乎道义。《论语·子罕》“子绝四：毋意，毋必，毋固，毋我”，后人总结为“意必固我”。孔子一生以这“四绝”要求自己。“毋意”是指做事不能凭空猜测主观臆断，一切以事实为依据。“毋必”是指对事情不能绝对肯定或否定，所谓事无绝对，一分为二才是正确的。“毋固”就是不能拘泥固执，每个人的知识结构都是有限的，一味固执，只能使自己越来越偏离正确的轨道，而应兼听则明。“毋我”就是不要自以为是，一个希望自己有所作为的人应该注重自身不足的弥补。《答聂文蔚·二》论事上磨炼甚精辟：致良知不能“间断”，也不能“求速效”。良知“灵明无着”，“物来顺应，未来不迎”——事情来了就顺应它，事情不来就不要主动去找事；“当时不杂，既过不恋”——事情来的时候一心一意，心无杂念，事情过去了就不要再去想着它（图报复，求感恩，都是不致良知）。事上磨炼也不要没事找事，硬要去显露自己的良知，此即是过。没事找事折腾，也是不致良知。随时在事上致良知就是格物。事，不过是侍奉父母、尊敬兄长、辅佐君主。能致辅佐君主的良知，就是能致尊敬兄长的良知；能致尊敬兄长的良知，就是能致侍奉父母的良知。辅佐君主、结交朋友、仁爱百姓、喜爱事物和动静语默中，都只是一心地去推致那孝亲敬兄的真诚恳切的良知，如此就自然会处处大道。天下之事虽千变万化，乃至无穷无尽，但只要推致这孝亲敬兄的真诚恳切的良知去应付千变万化，就不存在疏漏的问题。

还在绍兴为父亲守丧的时候，王阳明在给周道通的信中，就曾专门讲事上磨炼，并指出凡事情处理不当，都是自己“牵于毁誉得丧”所导致。

“必有事焉而勿忘勿助”，事物之来，但尽吾心之良知以应之，所谓“忠恕违道不远”矣。凡处得有善有未善，及有困顿失次之患者，皆是牵于毁誉得丧，不能实致其良知耳。若能实致其良知，然后见得平日所谓善者未必是善，所谓未善者，却恐正是牵于毁誉得丧，自贼其良知者也。[①]

事情来了，只要用良知去处理，就能够达到“忠恕违道不远”的效果。凡是事情处理得有好有不好的情况，甚至存在艰难窘迫、次序混乱的弊端，都是由于被毁誉得失的心所牵累，不能着实地致良知。若能切实地致良知，事情过后就能看到，从前以为做好了的事不一定就是做好了，以前未做好的事，可能正是因为计较自己的毁誉得失，而摧残迫害了自己的良知导致的。

实际上，自王阳明创立心学，“事上磨炼”即是题中之义。

“人须在事上磨，方立得住，方能‘静亦定，动亦定’”[②]“人须在事上磨炼做功夫乃有益，若只好静，遇事便乱，终无长进”[③]。人必须在具体事情上用功才会得到锻炼，才能立足沉稳，若历练太少，就会认识肤浅，遇事就会慌乱，始终不会进步。事上磨炼不分愚智，愚笨的人应该事上磨炼，聪明的人也应该事上磨炼。“随物而格，是致知之功”[④]，物质社会，良知不可能不遭受物欲的蒙蔽，所以就需要通过修习来剔除蒙蔽。“不是悬空的致知，致知在实事上格。”[⑤]“吾教人致良知在格物上用功，却是有根本的学问。日长进一日，愈久愈觉精明。”[⑥]阳明先生教导人“致良知”需要在格物上用功，在处理事情上磨炼，目的是使人夯筑做人的根基。果能天天用功，事事讲求，就会一天比一天进步，时

① 《传习录中·启周道通书》。
② 《传习录上·陆澄录》。
③ 《传习录下·陈九川录》。
④ 《传习录中·答陆原静书》。
⑤ 《传习录下·黄以方录》。
⑥ 《传习录下·黄修易录》。

间越长就越会得到优秀品格。

梳理阳明先生关于“事上磨炼”的论述，我们可以发现其中内含的层层逻辑。

事上磨炼应“胸中无物”，一片澄明。“物各付物”——要按照事物的本来面目去认识对待事物，不能夹杂个人的主观偏见和臆断。

事，就是人情事变，除了人情事变，再没有其他事情。事上磨炼：有个父子，就给他仁爱；有个君臣，就给他忠义；有个夫妻，就给他礼节。事上磨炼，就是在喜怒哀乐等人情，视听言动以致富贵、贫贱、患难、死生等事变上下功夫“致良知”。善念萌生，要知道并加以扩充；恶念萌生，要知道并加以扼制。知道、扩充、扼制，是志，是天赋予人的智慧，圣人唯有这个，学者应当存养它。[①] 在你面前的事上，真真切切地依循着良知去做，存善去恶，自然稳当快乐。

“致良知便是‘必有事’的工夫”[②]，这个道理不仅不能离，实际也不可能离开具体事情而空谈致良知，每件事都是这个道理，所以说每件事都是锻炼人心致良知的机会。抓住机会磨炼，修身养德，练就对于一切声色名利和嗜好都能摆脱殆尽的功夫[③]，练就万事万物上都能明辨王与霸、义与利、诚与伪、善与恶的功夫。

《中庸》说“不诚无物”，如果不真诚，干什么事情都不会有真正的成功，所以要诚心诚意去事上磨炼。“诚意”是个主宰，诚意即是有心，有心贵在立志，立志去格物“致良知”。“致良知”无论大事小事，不但大事要“致良知”，小事也要“致良知”，若不能在细小处战胜私欲，就会有障碍和隔断，就会不能圆满地得到功夫，所以小事上也要磨炼自己。

---

① 参见《传习录上 · 陆澄录》。

② 《传习录下 · 黄以方录》。

③ 参见《传习录下 · 黄省曾录》。

# 第七讲　拔本塞源

功利主义是一切恶行的借口，“功利”必不辨“义利”，功利心是“致良知”的最大障碍。世上诸多坏事，皆由于花言巧语、虚伪讨好之知多，“敦本尚实、返朴还淳之行”少。功利主义当道，必然“贼知”横行，“良知”泯灭。只有彻底拔除功利心，才能在万事万物上顺利地“致良知”。王阳明用拔本塞源论批判了被视为万恶之源的功利主义。

## 第一节　缘　　起

“拔本塞源论”是王阳明写给故乡前辈顾东桥书信中的内容。嘉靖四年（1525），顾写来关于学术思想的质疑信，阳明回信一一作答。《传习录》中卷出版时，顾尚在，编者怕有损其面子，题为《答人论学书》，后来编辑《阳明全书》，则直接题为《答顾东桥书》。这里加书名号称《拔本塞源论》，是将其作为独立的一篇文章来解析。

《拔本塞源论》大意：

心学纯明的时代，圣人推其“天地万物一体之仁”以教天下，天下人各勤其业，各安本分，唯以成其德行为务。后来心学不明，崇尚道义和仁德的“王道”衰落，而崇尚权术和武力的“霸术”盛行。人们像“春秋五霸”时那样，每天所关心的只是快速富强的技巧、倾诈的阴谋和攻伐的战略。只要是能够欺天骗人得到一时的好处，可以获取名声利益的方法，人人都去追逐。时间一长，人与人之间的斗争、掠夺，祸患无穷，人与禽兽夷狄几乎没有两样，霸术也有些行不通了。

有世儒（主要指朱熹）志在挽回先王之道，但始终探讨未精不得要领，其学说“万径千蹊”，让人“莫知所适”。人们为了浪得名誉，为了显示博学，为了表面华丽，按其学说竞相争斗。世人如同走进了百戏同演的剧场，处处都是嬉戏跳跃、竞奇斗巧、争妍献笑之人。这种学说积习已久，致使底层民众耳聋眼昏，完全迷失了方向，至上国君也被弄得神魂颠倒，思维凌乱。现在有人察觉到它的“空疏谬妄，支离牵滞”，欲加以拨乱反正，却遭到他们出于功利心的极端诋毁。

纯明的心学越来越晦暗，功利的习气越来越严重，佛教、道教不能挽救，儒家努力也前功尽弃。如今功利之心、功利之见，大行其道。功利的毒汁已深深渗透到人的心底骨髓，积习成性，旷日持久。世人在知识上彼此炫耀，在权势上彼此倾轧，在利益上彼此争夺，在技能上彼此攀比，在声誉上彼此竞取。那些从政为官的人，主管钱粮还想兼事军事刑法；主管礼乐还想兼事官员选拔。身为郡县长官，还想提升到藩司和臬司；身为御史，又窥视着宰相要职。他们傲慢、为非作歹、恣意狡辩、虚伪做作，凡事打着冠冕堂皇的幌子，私底下却是满足自己的私欲，实现自己的私心。

天理始终不会泯灭，良知光明万古一日，有道之士倾听了我拔本塞源的主张，一定会恻然而悲，戚然而痛，拍案而起，如决口的河水，一泻千里势不可当地荡涤这些污泥浊水，还人间一个清清明明的世界。

我们在此主要讨论《拔本塞源论》指出的功利心造成社会混乱的现世意义。

图小己之利，而不顾大众之利，即功利之见。吕思勉说：“惟举世滔滔，皆骛于功利之徒，故随功利而来之祸害，日积月累而不可振救。阳明之言，可谓深得世病之症结矣。”[①] 日本学者冈田武彦认为，《拔本塞源论》可谓名篇中的名篇，一字一句都体现了阳明深深的忧世情怀，“孟子的雄辩，让人兴奋激昂，而拔本塞源论中的雄辩虽在孟子之后，实不在孟子之下”[②]。三轮执斋评论说：“此至论中之至论，名文中之名文。秦汉以来，数千年间，惟此一文。”东泽泻则评论说“古今独步”。[③]

“读圣贤书，所学何事？”文天祥《衣带铭》里的这句话，是给教育的目的提出的永久课题。以智育为中心，才能就像刀剑，如果好人拿来用则是救人的剑，坏人拿来用则是杀人的刀。教育的根本还是德育，即人格的培养。冈田武彦介绍，在初中教育阶段，将修身课放在首要地位，是日本教育值得自豪的事情。大家修完学业，没有希高慕外之心，而是根据自己的学识德行接受相应的待遇。没有更多的野心，各自从事农业、工业、商业，努力做好本职工作，不会总想着管全面或全面管，以取得分外的获取。

王阳明当时所面对的形势是，学习知识技能的目的，完全走向了反面。背诵经书，适合提高虚荣心；知识渊博，适合干坏事；见闻多广，适合与人争辩；擅长文章，适合伪装。表面上都说自己是想为天下人做事，其实本心却在于如果不这样做，就不能满足私欲、达成欲望。

冈田武彦在《王阳明的〈拔本塞源论〉》一文中说：

王阳明指出的内容，不仅是他那个时代的状况，而且更加适合描述现代社会，让人不由得痛感各界人士深受功利主义风潮的污染已成为习性。为谋求自身的利益或者自己所属集团组织的利

① 《吕思勉·阳明之学》，转引自冯友兰等著《知行合一：国学大师讲透阳明心学》，台海出版社 2016 年版。

② 冈田武彦《王阳明大传：知行合一的心学智慧》附录一《王阳明的〈拔本塞源论〉》，重庆出版社 2015 年版。

③ 参见《里见常次郎·阳明与禅》，转引自冯友兰等著《知行合一：国学大师讲透阳明心学》，台海出版社 2016 年版。

益，使出浑身解数的不正之风，给世间带来的毒害难以估量。表面上说“自己是为天下百姓做事”，实际上却是想“满足一己私欲”。身处官界、实业界、教育界的人读到这一段文字，又有几个人不背流冷汗？现在正是大家端正自己心态的时候。古今中外的思想家中，有几个人能如此直截了当地用“功利”二字概括诸恶的根源？实在令人惊叹。我们必须深思“功利”二字，察知它的危害之大、之深。①

## 第二节　王阳明殷勤布道

嘉靖二年（1523）八月，阳明在答聂豹书中说：古代的贤人看到善就像自己做了好事，看到恶就像自己做了坏事，把百姓的疾苦看成自己的疾苦，只要一个人没安顿好，就觉得是自己把他推进了阴沟；托上天的洪福，我偶然间发现了良知学说，认为只有致良知后天下才能得到治理，从而清明太平，于是不顾自己是个不肖无力之人，希望用良知来拯治天下，挽救百姓。

他接着说，春秋末年，孔子积极推行他的政治主张，当时有人数落他阿谀奉承，有人讥讽他花言巧语，有人诽谤他不是圣贤，有人诋毁他不懂礼节，有人侮辱他是东家的孔丘，有人因嫉妒而败坏他的名声，甚至有人憎恨他而想要他的命；但是孔子依然汲汲遑遑，仿佛在路上寻找失踪的儿子似的，成天四处奔波，坐不暖席，这样做难道仅仅是为了让别人能了解、相信自己吗？究其原因，是他有天地万物一体的仁爱之心，深感社会顽疾缠身、病痛紧迫，即使不想管也身不由己。王阳明决心以孔子为榜样，不遗余力，并希望有更多的人和他一道，共同使良知之学光大于天

① 冈田武彦《王阳明大传：知行合一的心学智慧》附录一《王阳明的〈拔本塞源论〉》，重庆出版社2015年版。

下，让全天下的人都懂得致其良知，借以彼此帮助、启发，剔除自私自利的毛病，将谗言、嫉妒、好胜、愤恨等恶习荡涤干净，以实现天下大同。①

“读书讲学，此最吾所宿好，今虽干戈扰攘中，四方有来学者，吾未尝拒之。”② 阳明布道之殷勤，用鞠躬尽瘁、死而后已来概括甚为恰当。

与宁王交战于鄱阳湖时，阳明仍与二三同志坐军中讲学，前来报信儿的人说前军失利，且言伍文定胡子被烧着了的情状，在座诸人皆有怖色，阳明说：“适闻对敌小却，此兵家常事，不足介意。”出见谍者，退而就座，神色自若地接着刚才的话头讲下去。一会儿，又来报信儿说贼兵大败，在座的人皆有喜色，阳明说：“适闻宁王已擒，想不伪，但伤死者众耳。”又是出见谍者，退而就座，神色自若地接着刚才的话头讲下去。旁观者服其学。③ 有人评价阳明先生：“虽在迁谪流离、决胜樽俎之际，依然坐拥皋比，讲学不辍。”④

阳明不但自己终生尽心竭力地宣讲圣贤之道，还要求做了一方守官的学生也要事不宜迟地到当地学宫讲学。嘉靖二年（1523），门人欧阳德中进士，出守六安州，几个月后给先生来信，说初政倥偬，等安顿好了就去儒学里为诸生讲学。阳明回信说：“吾所讲学，正在政务倥偬中。”⑤

门人徐珊对阳明学说遭到诋毁愤愤不平，说：“夫子悯人心之陷溺，若己之堕于渊壑也，冒天下之非笑诋詈而日谆谆焉，亦岂

① 参见《传习录中·答聂文蔚》。

② 王守仁撰：《赣州书示四侄正思等》，见《王阳明全集》卷二十六，上海古籍出版社1992年版。

③ 参见钱德洪著《征宸濠反间遗事》（《王阳明全集》卷三十九）及王守仁著《王阳明全集》卷三十四《年谱二》，上海古籍出版社1992年版。

④ 马士琼著：《王文成公文集原序》，见王守仁撰《王阳明全集》卷四十一，上海古籍出版社1992年版。

⑤ 参见王守仁《王阳明全集》卷三十五《年谱三》，上海古籍出版社1992年版。

何求于世乎！而世之人曾不觉其为心，而相嫉娼诋毁之若是，若是而吾尚可与之并立乎？”[1] 他不屑于回答诋毁师学的题目，自动放弃了嘉靖二年（1523）会试的机会，弟子对老师诚心布道之钦敬由此可见。

由于阳明育人的目的主要是为朝廷培养贤人君子，所以他以“致良知”三字为本，着重于人品与道德的培养，务必把学者教育成为具备圣贤型人格的才学之士。他说：“圣贤之学，心学也。道德以为之地，忠信以为之基，仁以为宅，义以为路，礼以为门，廉耻以为垣墙，‘六经’以为户牖，‘四子’以为阶梯。”学者应该怎样做呢？“扩乃地，厚乃基，安乃宅，辟乃门户，固乃垣墙。”如果不是这样而是相反，“旷安宅，舍正路，圮基壤垣，倚圣贤之门户以为奸”，那么学校就成了聚集水怪草兽的地方了，国家设立学校、官员修缮学校就都没有意义了。[2] 科举选拔上来的官员，大部分还是从各地官学的学子中产生，阳明号召他们为君子学，不为小人学。

阳明还认为，天下不存在不能教育好的人，任何人都可以通过认识良知之教，成为德才兼备的人，因此，他教学使人先立必为圣人之志：“立志而圣，则圣矣；立志而贤，则贤矣。”[3] 立成圣之志，就是愚夫愚妇也可以悟道，若不立成圣之志，则再饱学也无济于事。

当时学者的毛病之一就是不懂装懂、浅尝辄止，因而不能深探良知之道。阳明曾描述那些傲气的学者：“议论好胜，亦是今时学者大病。今学者于道，如管中窥天，少有所见，即自足自是，

---

① 王守仁：《书徐汝佩卷》，见《王阳明全集》卷二十四，上海古籍出版社 1992 年版。

② 参见王守仁《应天府重修儒学记》，见《王阳明全集》卷二十三，上海古籍出版社 1992 年版。

③ 王守仁：《教条示龙场诸生》《立志》，见《王阳明全集》卷二十六，上海古籍出版社 1992 年版。

傲然居之不疑。与人言论，不待其辞之终而已先怀轻忽非笑之意，訑訑之声音颜色，拒人于千里之外。不知有道者从傍视之，方为之疏息汗颜，若无所容；而彼悍然不顾，略无省觉，斯亦可哀也已！”[①] 他更提醒自己的养子正宪：“今人病痛，大段只是傲。千罪百恶，皆从傲上来。”[②]

弟子陈世杰大概见世风日下，谦恭的人总是被压制，所以渐渐以谦恭为可耻，人也变得简抗自是。阳明严肃告诫，“自古圣贤未有不笃于谦恭者”，“傲，凶德也，不可长”，“地不谦不足以载万物，天不谦不足以覆万物，人不谦不足以受天下之益”[③]。

在教学方法上，阳明惯于采用启发式。一天，性豪旷不拘小节的绍兴知府南大吉来见，探询说：我临政处事多有过错，先生为何无一言相责？阳明问：你有何过错？南大吉便一五一十说了起来。先生听完点点头：这些我都说过了。南大吉仔细想了想，摇摇头：先生没说过。先生问：那你为何知道这些错？南大吉认真回答：是良知告诉我的。先生笑道：良知不是我经常说的吗？南大吉恍然大悟，笑谢而去。[④]

阳明以什么样的态度讲学呢？江山人周以善（周积）学习朱熹的格物致知之学有些年了，总是苦于理不出头绪，听说阳明对此另有说法后，就前去问学。听了阳明对格物致知的新解，他若有所省，但归后想来想去还是觉得不能理解，十几天后又去问学，又有所省，归后又觉得不能理解。如此往复数月，求之不得，欲罢又不能。阳明告以不专心致志则不可得，周积退而斋洁，执弟子礼。阳明与之坐，“盖默然良久，乃告之以立诚之说”；明日，证之以《大学》；又明日，又证之以《论语》《孟子》；再明日，

---

① 王守仁：《书石川卷》，见《王阳明全集》卷八，上海古籍出版社 1992 年版。

② 王守仁：《书正宪扇》，见《王阳明全集》卷八，上海古籍出版社 1992 年版。

③ 王守仁：《书陈世杰卷》，见《王阳明全集》卷二十四，上海古籍出版社 1992 年版。

④ 参见《年谱三》，王守仁《王阳明全集》卷三十五，上海古籍出版社 1992 年版。

再证之以《中庸》。周积跃然喜，避席而言曰："积今而后无疑于夫子之言，而后知圣贤之教若是其深切简易也，而后知所以格物致知以诚吾之身。"① 这个案例既说明了阳明格物致知新解的学说魅力，更反映了阳明诲人不倦的布道精神。

阳明讲学达到了什么样的境界呢？南海人进士梁日孚（梁焯）携家进京谒选（朝觐选官），经过赣州停船前来拜见，听阳明说了一会儿话告别。明日又来，直听到日落方才离去；又明日又来，至日落仍未肯离去；再明日，干脆在旅馆住下，拜阳明为师学习不走了。同船的人百般劝说催促北上，日孚皆笑而不应，众人既愤怒又惊异，其最亲爱者曰："子有万里之行，戒僮仆，聚资斧，具舟楫，又挈其家室，经营阅岁而始就道。行未数百里而中止，此不有大苦，必有大乐者乎？子亦可以语我乎？"日孚笑着回答说，我现在是有大苦也有大乐，见过丧心病狂的精神病吗？犯病的时候，赴汤火，蹈荆棘，他们都以为是对的；等到良医使之清醒过来，知道以前所做过的傻事，他们都惊骇不已；指示以从归之途，他们则欣喜若狂。现在我就是那个犯过精神病又被治好了的人，"且恨遇斯人之晚也"。过了不几天，阳明以军旅之役离开赣州两个月（平漳寇），等到回来，惊讶地发现梁日孚居然还等在那里，并把船工打发掉，把家人送回家，决定放弃升迁机会终身如此了。问其学，则日有所明而月有所异。三个月后，梁母请人前来说："姑北行，以毕吾愿，然后从尔所好。"日孚对阳明说："焯焉能一日而去夫子！将复赴汤火，蹈荆棘矣！"阳明回答说："子以圣人之道为有方体乎？为可拘之以时，限之以地乎？世未有既醒之人而复赴汤火，蹈荆棘者。子务醒其心，毋徒汤火荆棘之为惧！"梁日孚明白了圣人之道求之于心，不滞于事，不泥于物，不拘以时，不限以地，无往而非学，不必总待在老师身旁的道理，

① 参见王守仁《赠周以善归省序》，见《王阳明全集》卷七，上海古籍出版社1992年版。

这才暂辞北上。[①]

阳明也有教育失败的时候，有一次送走两三个老学究，退坐中轩，若有忧色，钱德洪赶紧过来询问。他说："刚才与诸老谈到我的学知，彼此间格格不入，圣道本来坦易，世上俗儒自家荒塞，终身陷荆棘场中而不悔，我不知说什么好啊。"钱德洪很感动，退下来对学友说："先生诲人，不择衰朽，仁人悯物之心也。"[②]

## 第三节　"拔本塞源"释义

早在《徐爱录》中，王阳明就已指出，圣人传述"六经"，只是端正人心，只是存天理、去人欲，而那些猎取声利的霸术，让人精通许多阴谋诡计，完全是一种功利心态，与圣人作经的宗旨南辕北辙。根据功利行事，是"春秋五霸"以后治世的情形。

阳明所谓之"拔本塞源"，即从思想上拔除功利之心，从行为上拔除功利之学。功利心隔断了心理的统一关系，隔断了知行的统一关系，如果一切都讲功利，一切都是实用主义、丛林法则，那还有什么罪恶勾当干不出来呢？成王败寇、急功近利的思想和行为，与王阳明倡导的万物一体、"致良知"思想有着根本的矛盾，最不能相容，故阳明批评最狠。

自私弄智，一定是为功利心所驱使；自私用智，必定造成偏弊之事，甚至是人间惨剧。临事凡计较个人利弊得失，然后再做出爱憎取舍的选择，就是功利心在作怪。所以说，功利心就是万恶之源，必须用"致良知"彻底取缔。只有拔除这个自私弄智的功利心，人们才可以顺利在万事万物上"致良知"。"致良知"要求"拔本塞源"。

---

① 参见王守仁《别梁日孚序》，见《王阳明全集》卷七，上海古籍出版社1992年版。

② 《传习录下·黄以方录》。

功利心仅是为了迫切追求功名利禄等外表的东西，求眼前利益，求短期效果——急功近利求速效是其表现手段，也是其症结所在。受功利心驱使，不仁不义的事太多了。王阳明所处的时代，功利之习入于骨髓，求眼前速效的“霸术”广泛流行，已造成不可磨灭的影响。《拔本塞源论》就是要求人们拔除功利心，努力完善自己的德行。

阳明首先论述了没有功利主义的社会状况：

稷勤其稼，而不耻其不知教，视契之善教，即己之善教也；夔司其乐，而不耻于不明礼，视夷之通礼，即己之通礼也。盖其心学纯明，而有以全其万物一体之仁，故其精神流贯，志气通达，而无有乎人己之分，物我之间。譬之一人之身，目视、耳听、手持、足行，以济一身之用。目不耻其无聪，而耳之所涉，目必营焉；足不耻其无执，而手之所探，足必前焉；盖其元气充周，血脉条畅，是以痒疴呼吸，感触神应，有不言而喻之妙。

那时稷勤勉地种庄稼，不因为不明教化而感到羞耻，把契的擅长教化，看成自己的擅长教化；夔主掌音乐，不因为不懂礼而感到羞耻，把伯夷通晓礼，看成自己能通晓礼。由于他们对心学有朴素的理解，而能够彻底实现万物一体达到的仁的境界，所以他们胸怀宽广、志气通达，没有彼此的区别和物我的差别。整个社会就像一个人的身体，眼看、耳听、手拿、脚行，都是为了满足这个人的需要。眼睛不会以听不到为耻，耳朵听声音时眼睛就会望过去；脚不会以不能持物为耻，手要取东西时脚就会走过去。这个人身元气周流充沛，血液畅通，即使小病和呼吸，感官也能感觉到，并进行神奇的反应，真有不可言喻之妙。

梁启超理解王阳明所说的那种没有功利主义的社会后，举慈母对乳儿、男女对恋人的例子，来描述良知发生的自然状态。指出只有在那种痛痒一体的情况下，人们才绝不肯要手段、玩把戏，牺牲对方利益以谋自利。假使有那种念头偶然出现，自己一定首先觉得卑鄙，立刻感到深切的痛苦，必欲拔去而后快。慈母对乳儿，男女对恋人，一般人都可以发现这种境界，若朝廷官员把天下国家看成他的乳儿，把一切看成他的恋人，其痛痒一体不能自已，也就能达到这种境界。阳明最喜引《大学》“如恶恶臭，如好好色”为知行合一之喻，就是这个道理。[1] 所以只要朝廷官员“致良知”，就能实现没有功利主义的社会。

功利主义盛行的社会又是怎样呢？

盖至于今，功利之毒沦浃于人之心髓，而习以成性也几千年矣。相矜以知（智），相轧以势，相争以利，相高以技能，相取以声誉。其出而仕也，理钱谷者则欲兼夫兵刑，典礼乐者又欲与于铨轴，处郡县则思藩臬之高，居台谏则望宰执之要。故不能其事，则不得以兼其官；不通其说，则不可以要其誉。记诵之广，适以长其傲也；知（智）识之多，适以行其恶也；闻见之博，适以肆其辩也；辞章之富，适以饰其伪也。是以皋、夔、稷、契所不能兼之事，而今之初学小生皆欲通其说，究其术。其称名僭号，未尝不曰吾欲以共成天下之务；而其诚心实意之所在，以为不如是则无以济其私而满其欲也。

至当今社会，功利主义的毒汁已渗透到人的心底和骨髓，积习成性，时间已达几千年了。世人在智慧上彼此斗法，在权势上彼此倾轧，在利益上彼此争夺，在技能上彼此攀比，在声誉上彼此竞取。那些从政为官的人，主管钱粮还想兼事军事刑法，主管礼乐还想兼事官员选拔。身为郡县官，还想提升到省里藩司和臬司的高位；身为台谏官，又觊觎着宰执的权力。本来，不擅长那

① 参见《梁启超·王阳明知行合一之教》，转引自冯友兰等著《知行合一：国学大师讲透阳明心学》，台海出版社 2016 年版。

方面的事，就不能担任兼管那方面事务的官职；不通晓那方面的知识，就不能谋求那方面的荣誉。但他们熟练掌握功利主义的各项技能：记诵的广博，恰好用来滋长傲慢；智慧和识见的增多，使他们做坏事的手段也多；见闻的广泛，恰好用来恣意狡辩；连篇累牍的华丽文章，被他们用来掩饰虚假。因此，皋、夔、稷、契都不能兼做的事情，现在刚入仕的小青年，就想弄通这些功利主义的谬论，穷尽这些技能而兼做。功利主义者们打着的旗号，也是共同成就天下大同的事业，但其内心真正的意图，却是以此为幌子来实现自己的私心，满足自己的私欲。

还是梁启超理解王阳明所说的功利主义盛行的社会后说，阳明以为，“凡做一事，发一念，其动机是否出于自私自利，即善恶之唯一标准。良知所知之善恶，就只知道这一点，而这一点，除自己的良知之外，没有别人或别的方法能知得真切确实”。掌管朝廷事务的官员，如果仅以“个人有利没利”的功利主义为出发点，“把人类兽性方面的本能尽情发挥，安得不率天下为禽兽呢？阳明痛心疾首于此种祸机，所以倡良知之教”。梁启超理解王阳明为什么极力反对功利主义，极力提倡“致良知”后指出：“专以自己为本位的人，学问少点，才具短点，作恶的程度也可以减轻点。若再加之以学问才具，天下人受其荼毒更不知所底极了。然而天下事到底是要靠有学问才具的人去做的，倘使有学问、有才具的人不能在自己心术上痛切下一番革命工夫，则这些人都是为天下造孽的人。”[1] 读阳明论述功利主义盛行的社会这一段，即可明白阳明“拔本塞源”用意之所在。只看重眼前“个人有利没利”的功利主义，在现实中很实用，以致成为当时社会之时髦。阳明要人们尤其是士人拔除的，就是以自己利益为本位的那种念头。

阳明认为，功利主义是良知的最大敌人，“一切欺天罔人，苟

① 参见《梁启超·王阳明知行合一之教》，转引自冯友兰等著《知行合一：国学大师讲透阳明心学》，台海出版社 2016 年版。

一时之得，以猎取声利”等霸术，皆由此而来。“世之学者如入百戏之场，戏谑跳踉，骋奇斗巧，献笑争妍者四面而竞出，前瞻后盼，应接不遑，而耳目眩瞀，精神恍惑，日夜遨游淹息其间，如病狂丧心之人，莫自知其家业之所归。时君世主亦皆昏迷颠倒于其说，而终身从事于无用之虚文，莫自知其所谓。”阳明看到，官员和君主都长时间陷于这种功利主义习气中，士人已沦为禽兽或野蛮人，而国家人民已不胜其祸。造成社会种种吊诡现实的根源即在于此，不把这个病根拔去，一切无从谈起。

良知本体与私欲功利之分别，《孟子》说得最明白：“凡人乍见孺子将入于井，皆有怵惕恻隐之心，非所以纳交于孺子之父母也，非所以要誉于乡党朋友也。”乍见的恻隐，便是良知本体；纳交、要誉等杂念，便是私欲功利。“致良知”的功夫，要求一切行为都不可以是谋取私欲功利的手段，而必须是达到良善结果的目的。梁启超于此指出，“人生数十寒暑，勤勤恳恳乃至忍艰难、冒危险去做自己良心上认为应做的事，为良心上的安慰满足——这种人生观，真是再逍遥自在不过的了，真是再亲切有味不过的了”，而那些功利主义者流，天天营营于得丧毁誉，患得患失几十年，又有什么价值？[①]

人心易于被外物诱惑而生利害得失之私心，以自己利害得失为先以接事物之心，即功利之心。所以阳明要求人们修身必使道心善念常为一身之主，无论何时何地都以良心接于事物。那颗心知对知错，知是知非，如果没有临事只考虑对自己有利没利的功利主义，就一定会按照符合天地自然人间伦理去想去做。许多时候，许多事情，一念而有天壤云泥之差。

“拔本塞源论”明里暗里还是针对焦芳之事而生发的。焦芳等功利主义者们把一些知识技能“假之于外，以内济其私己之欲”，

---

① 参见《梁启超·王阳明知行合一之教》，转引自冯友兰等著《知行合一：国学大师讲透阳明心学》，台海出版社 2016 年版。

而且这种情况已到了“天下靡然而宗之”的可怕境地。“富强之说，倾诈之谋，攻伐之计”，都是欺世之徒的“猎取声利之术”。功利主义使人忘却了读书明理的本义，知识技能被心术不正的人掌握后，就变成了巧取豪夺的手段。这些人对功名利禄之驰逐无休无止，当然不愿意接受阳明“知行合一”“致良知”的道德要求。焦芳以朝廷重臣而俯伏于太监刘瑾，功利主义在士人中盛行，必然产生普遍的犬儒主义。阳明决心对功利主义拔本塞源，用良知学说去改变学风士风，进而改变政风世风，从而改造社会。他决心用自己的心学生产线重新为朝廷培养官员，“起贱儒为志士，屏唇舌之论以归躬行”[1]。

---

① 章炳麟：《王文成公全书题辞》，见王守仁《王阳明全集》卷四十一，上海古籍出版社 1992 年版。

# 第八讲　无善无恶

“致良知”肯定不能作恶，王阳明进而强调，“有意为善”也不是“致良知”。心体上“有”即不能正，“性善”“性恶”无论哪一说成立，“良知说”都会失去意义。只有心之本体无善无恶，遇事良知才有用力处。

## 第一节　缘　　起

嘉靖六年（1527）九月，王阳明被朝廷起用，奉命赴广西讨伐思恩、田州一带闹事的少数民族。即将从绍兴起程时，钱德洪和王汝中（畿）探讨学问，汝中列举先生曾经教诲的话，说：“无善无恶是心之体，有善有恶是意之动，知善知恶是良知，为善去恶是格物。”

德洪说：“你认为这几句话怎样？”

汝中说：“这几句话大概还没有说完全。若说心体是无善无恶的，那么，意也是无善无恶的意，知也是无善无恶的知，物也是无善无恶的物。若认为意有善恶，终究在心体上还有善恶存在。”

德洪说：“心体是天命之性，原本是无善无恶的。但是，人心受到沾染，在意念上就有善恶。格物、致知、诚意、正心、修身，正是要恢复那性体的功夫。若意本无善恶，那么，功夫也就不消再说了。”

这天夜晚，德洪和汝中在天泉桥陪先生坐，各人谈了自己的见解，特向先生请教。

先生说："如今，我将要远征，正想给你们来说破这一点。两位的见解，恰好可以互为补充，不可偏执一方。我开导人的技巧，原本有两种。资质特高的人，让他直接从本源上体悟。人心原本是晶莹无滞的，原本是一个未发之中[1]，资质特高的人，只要稍悟本体，也就是功夫了。他人和自我、内和外一切都透彻了。另外一种人，资质较差，心不免受到沾染，本体遭受蒙蔽，因此，就教导他从意念上实实在在为善去恶，待功夫纯熟后，污秽彻底荡涤，本体也就明净了。汝中的见解，是我用来开导资质特高的人；德洪的见解，是我用来教导资质较差的人使用的方法。两位若互为补充借用，那么，资质居中的人都可被导入心学的坦途。若两位各执一词，在你们眼前就会失去心学信徒，就不能说你们完全领会了我的学说，掌握了我教人的方法。"

先生接着说："今后和朋友讲学，千万不可抛弃我的宗旨：无善无恶是心之体，有善有恶是意之动，知善知恶是良知，为善去恶是格物。只要根据我的话因人施教，自然不会出问题。这原本是上下贯通的功夫。资质特高的人，世上很难发现，本体、功夫一悟全透，就是颜回、程颢这样的人也不敢自许，岂能指望他人？人有受到污染的心，若不教导他在良知上切实用为善去恶的功夫，只去悬空思索一个本体，所有事都不切实加以处理，这只不过是修养成了一个虚空死寂的坏毛病。这个毛病不是小事情，所以，我不能不在这里向你们讲清楚。"

---

① 未发之中：《中庸》："喜怒哀乐之未发，谓之中。发而皆中节，谓之和。中也者，天下之大本也；和也者，天下之达道也。致中和，天地位焉，万物育焉。"我们心中产生的喜欢、愤怒、悲哀、快乐等各种情感，不会影响到我们对事物的观点，这种状态叫作"中"；表达（对某事物）的观点及情绪时采用恰当的方式，既不会令他人难受，同时又能将自己的观点表达清楚，这种境界叫作"和"。"中"是天下的根本所在，"和"是最普遍通行的准则。达到"中和"的境界，天地就秩序井然了，万物就生长发育了。此即所谓"中庸之道"。

这一天，钱德洪和王汝中都有所得。

这是王阳明生前最后一次重要的论学活动，既谈了心学“道体”，也谈了教学方法。活动因称“天泉证道”，道体因称“四句教”。教学方法根据不同对象已经说得很明白，无须再讨论。“天泉证道”的重大意义，是阳明在临近生命的终点，用这四句教言进一步夯实了自己的良知学说，同时也使心学有了一个更加简明扼要的表达。

## 第二节　王阳明的教育思想

王阳明的教育观念，以培养人的道德境界为指归，即学为圣人之道，学以变化气质，学以致良知。他竭力反对“分尊德性、道问学作两件”，认为应当把两者统一起来，指出：“道问学即所以尊德性……岂有尊德性，只空空去尊，更不去问学？问学只是空空去问学，更与德性无关涉？”[①] 他把德育和智育看成是相辅相成、相互促进的关系。

郭沫若曾给予王阳明的教育思想以高度评价：“王阳明对于教育方面也有他独到的主张，而他的主张与近代进步的教育学说每多一致。”[②]

在教育观念方面，王阳明提倡因势利导、寓教于乐、教学相长、随才成就。在教育方法方面，他主张循序渐进，采用启发式和讲例子、打比方的方法。在教育态度方面，他允许人犯错误并改正错误。

阳明认为，培养人的道德情操应从娃娃抓起，他在南安、赣州恢复社学，专门写了《训蒙大意》，发给诸教读，对儿童教育的

① 《传习录下·黄以方录》。

② 郭沫若：《王阳明礼赞》，见《沫若文集》第十卷，人民文学出版社 1963 年版。

方针和方法提出了全面的意见：

今教童子，惟当以孝、弟、忠、信、礼、义、廉、耻为专务。其栽培涵养之方，则宜诱之歌诗以发其志意，导之习礼以肃其威仪，讽之读书以开其知（智）觉。今人往往以歌诗习礼为不切时务，此皆末俗庸鄙之见，乌足以知古人立教之意哉！

大抵童子之情，乐嬉游而惮拘检，如草木之始萌芽，舒畅之则条达，摧挠之则衰痿（萎）。今教童子，必使其趋向鼓舞，中心喜悦，则其进自不能已。譬之时雨春风，沾被卉木，莫不萌动发越，自然日长月化；若冰霜剥落，则生意萧索，日就枯槁矣。故凡诱之歌诗者，非但发其志意而已，亦以泄其跳号呼啸于咏歌，宣其幽抑结滞于音节也；导之习礼者，非但肃其威仪而已，亦所以周旋揖让而动荡其血脉，拜起屈伸而固束其筋骸也；讽之读书者，非但开其知（智）觉而已，亦所以沉潜反复而存其心，抑扬讽诵以宣其志也。凡此皆所以顺导其志意，调理其性情，潜消其鄙吝，默化其粗顽，日使之渐于礼义而不苦其难，入于中和而不知其故，是盖先王立教之微意也。

若……责其检束，而不知导之以礼；求其聪明，而不知养之以善；鞭挞绳缚，若待拘囚。彼视学舍如囹狱而不肯入，视师长如寇仇而不欲见，窥避掩覆以遂其嬉游，设诈饰诡以肆其顽鄙，偷薄庸劣，日趋下流。是盖驱之于恶而求其为善也，何可得乎？[1]

这段精彩的论述概括来说就是因势利导，就是顺着儿童喜好嬉戏的特点，让他们在欢娱中不知不觉地接受教育，成为有道德、有教养的人。这里特别强调了寓教于乐的重要性。

在具体教学上，王阳明确立了少而精的原则："凡授书不在徒

① 王守仁：《训蒙大意示教读刘伯颂等》，见《王阳明全集》卷二，上海古籍出版社 1992 年版。

多，但贵精熟。量其资禀，能二百字者，止可授以一百字。常使精神力量有余，则无厌苦之患，而有自得之美。”①

阳明特别反对教师摆出高人一等的架势训人。他读宋史，对程颐责备哲宗一事深有感触。

程颐（1033—1107），字正叔，学者称为伊川先生，曾是著名学者周敦颐的学生，后来成为程朱理学的代表人物。他十八岁时进太学读书，写了一篇《颜子所好何学论》，太学教授、国子监博士胡瑗大加赞赏，当即召见，进行表彰。后来，程颐专以讲学授徒为业，名气越来越大，宋哲宗即位后，司马光执政，以其为崇政殿说书，给小皇帝讲课。

做了帝师，程颐更加一本正经。一次，刚满十岁的哲宗在课间休息时折了一根柳条，学着骑马的样子，自以为很威风。这本是小孩子的天性，程颐见了却大不高兴，当着宫女和太监们的面，将小皇帝责备了一番：现在正是春天，万物生长，皇上怎能无故摧残生命？草木和人一样，皇上今日不爱惜草木，日后亲政，又怎能爱惜百姓呢？这话道理并不错，加上是教育皇帝，所以后来为程颐的弟子们广泛传颂。但这番斥责对于小皇帝来说，却无法接受，他抛下柳条，转身便走。司马光听说后也很不高兴，对他的弟子们说，君主之所以不愿意接近儒士，就是程颐这样的腐儒造成的。

阳明赞成司马光的看法，如果程颐与小皇帝一起做做游戏，再相机进行劝诫，效果不是更好嘛！他还进一步认为，即使是朋友之间互相批评、激励向善，也应该采取适当的方法：

责善，朋友之道，然须忠告而善道之。悉其忠爱，致其婉曲，使彼闻之而可从，绎之而可改，有所感而无所怒，乃为善耳。若先暴白其过恶，痛毁极诋，使无所容，彼将发其愧耻愤恨之心，

① 王守仁：《教约》，见《王阳明全集》卷二，上海古籍出版社 1992 年版。

虽欲降以相从，而势有所不能，是激之而使为恶矣。故凡讦人之短，攻发人之阴私以沽直者，皆不可以言责善。[①]

王阳明要求朋友之间互相给他人提意见以利进步时，不要使对方觉得很没面子，但要欢迎别人给自己提意见："凡攻我之失者，皆我师也，安可以不乐受而心感之乎？"意在培养学生宽容博大的胸怀。

在滁州任养马的太仆寺少卿时，来听讲的学生多达数百人，阳明不是照本宣科地死抠经义，而是白天领着学生去游瑯琊山，去玩瀼泉之水，月夕则与学生环龙潭而坐，歌声震山谷。阳明的教法是诗化的、审美式的，注重改变性情，改变气质。

他自己不摆架子，也要求学生不摆架子。嘉靖五年（1526）会试，钱德洪和王畿双双中试，但不满于当国者攻击王学，一商议，放弃了廷试，与会试下第的黄弘纲、张元冲一齐回到绍兴。见了老师后，众人说起一路上与人讲良知学，有愿意听的，也有不愿意听的。阳明问道："你们可否知道为何有人不愿意听？"钱德洪等认为，不愿意听的当然是一些脑子不开窍的人。但阳明不这样看："你们摆着一副圣人的架势去与人讲学，人家见到圣人来了，都害怕，于是都走了；你们应该将自己看作愚夫愚妇，才可以去与人讲学。"[②]

王阳明还针对流行了上千年的师道尊严观念，提出了教学相长的思想，提倡通过学生和老师之间的交流，达到"是以明其是，非以去其非"的教学效果：

人谓事师无犯无隐，而遂谓师无可谏，非也。谏师之道，直

① 王守仁：《教条示龙场诸生·责善》，见《王阳明全集》卷二十六，上海古籍出版社 1992 年版。

② 参见《传习录下·黄省曾录》。

不至于犯，而婉不至于隐耳。使吾而是也，因得以明其是；吾而非也，因得以去其非：盖教学相长也。[1]

随才成就是阳明的基本教育方针，他认定人的资质是有所不同的，教学要因人而异，每个人都应该选择与自己性情相近的专业去努力，才有可能成才。

一天，与弟子王畿、黄省曾等人闲坐聊天，天气炎热，他命弟子们用扇，省曾连忙起身说不敢。阳明笑了：圣人之学，从来不是如此束缚痛苦的，不是装作道学的模样。王畿也插话说：《论语·先进》中孔子与曾点言志一章，说的也是这个道理。阳明点了点头。

曾点，字子皙，曾参的父亲，孔子的弟子。孔子让弟子言志，子路对以治国为志，冉有对以富民为志，公西华对以兴礼乐为志，曾点的志向和他们不同："暮春者，春服既成，冠者五六人，童子六七人，浴乎沂，风乎舞雩，咏而归。"孔子喟然叹曰："吾与点也！"与其他三人志在从政不同，曾点的志向是，在暮春三月，已经穿上了春装的时节，约上五六个成年人、六七个少年人，一起到沂水边去洗澡，到舞雩台去吹风，再唱着歌走回来。孔子长叹一声说：我赞成曾点的想法呵！

阳明说，从这一章看，真正的圣人是何等宽宏包容的气象。老师问众弟子的志向，弟子们都一一作答，曾点却飘飘然若无其事，不但不答，反倒去鼓起瑟来，这是何等的狂态。等到回答时，又不按老师的要求，尽是自己的狂言。如果老师不是孔子，而是程颐，早就斥骂起来了。而孔子不但不骂，反倒称赞他。由此可见，圣人教人，不是用一把尺子裁量所有的学生，而是因人施教。如是狂者，便从狂处成就他；如是狷者，便从狷处成就他。何况

① 王守仁：《教条示龙场诸生·责善》，见《王阳明全集》卷二十六，上海古籍出版社1992年版。

人与人的禀性才情各不一样，又哪里是一把尺子裁量得了的？[1]

他还在嘉靖三年（1524）八月，诗意地称赞了孔子这种教学态度："铿然舍瑟春风里，点也虽狂得我情。"[2] 阳明这种教育态度，不知说是有先人暗示合适，还是说有家传合适，反正有趣的是，他的曾祖王杰，也曾对门人称赞曾点说："学者能见得曾点意思，将洒然无入而不自得，爵禄之无动于中（衷），不足言也。"[3]

讲例子、打比方，是阳明最常用的授课方法。有弟子问知识不长进怎么办，他用仙家说婴儿的例子说明学习知识要循序渐进。

他说，婴儿在母腹中的时候，只是一团纯气，有什么知识呢？出胎后才会啼哭，不久会笑，后来能认识父母兄弟，再后来能站、能走、能拿、能背，最后天下的事无所不能。这都是因为他精气日益充足，筋力日益强壮，智慧日益长进，而逐渐就能做到的。他又用种树作比喻：刚种根时，只管栽培灌溉，不要想枝，不要想叶，不要想花，不要想果，只要不忘记栽培，还怕没有树叶花果吗？[4]

在教育过程中，学生犯了错误，特别是青少年犯了错误，或者干脆说任何人犯了错误，应当怎样对待呢？王阳明坚持允许人犯错误，鼓励人改正错误的教育方针："夫过者，自大贤所不免，然不害其卒为大贤者，为其能改也。故不贵于无过，而贵于能改过。"[5]

阳明教学生读古代典籍不要拘泥于文句："学者读书，只要归在自己身心上。若泥文著句，拘拘解释，定要求个执定道理，恐

---

① 参见《传习录下·黄省曾录》。

② 王守仁：《月夜二首（与诸生歌于天泉桥）》其二，见《王阳明全集》，上海古籍出版社1992年版，第787页。

③ 戚澜：《槐里先生传》，参见王守仁《王阳明全集》卷三十八，上海古籍出版社1992年版。

④ 参见《传习录上·陆澄录》。

⑤ 王守仁：《教条示龙场诸生·改过》，见《王阳明全集》卷二十六，上海古籍出版社1992年版。

多不通。盖古人之言，惟示人以所向往而已。若于所示之向往，尚有未明，只归在良知上体会方得。”[①] 阳明教学，千叮咛万嘱咐，念念不忘的就是教学者“致良知”。

## 第三节　“无善无恶”释义

“天泉证道”中，王阳明的回答说明了“四句教”是良知学说的最后结论、圆满总结。

“四句教”实际上还是阳明在谈他对《大学》正心、诚意、致知、格物四件修身功夫的新解：“无善无恶是心之体”是对“正心”的新解，“有善有恶是意之动”是对“诚意”的新解，“知善知恶是良知”是对“致知”的新解，“为善去恶是格物”是对“格物”的新解。前两个谈本体，后两个谈效用。后三句阳明之前都已讲过。第二句“有善有恶是意之动”，《〈大学〉问》谈诚意时就说了“意之所发，有善有恶”，其他场合也说过类似的话，钱德洪的观点就是对老师以前论述的复述。第三句“知善知恶是良知”、第四句“为善去恶是格物”，更是在讲“致知”、讲“格物”时多次讲过。这三句早已无异议，我们前面也已反复讲过。唯第一句“无善无恶是心之体”，阳明以前没正面讲过。钱德洪和王汝中（畿）的讨论，主要是围绕“无善无恶是心之体”来进行，所以，我们的讨论也只是围绕“无善无恶”本体论来展开。

阳明之前讲“良知”是心之本体，“至善”是心之本体，“廓然大公”是心之本体，“天地万物一体之仁”是圣人心之本体，这里又讲“无善无恶”是心之本体，到底是“有”还是“无”？与之前所讲矛不矛盾？自然引人疑问。

① 王守仁：《传习录拾遗》第30条，见《王阳明全集》卷三十二，上海古籍出版社1992年版。

我们认为，“无善无恶是心之体”，是阳明生命最后的思想闪光。以前他对诚意、致知、格物三件功夫都做过详尽深刻的阐述，而对正心则讲得比较少，也不明确，现在他明确说“无善无恶”即是“正心”。阳明的“无善无恶”本体论将人性本体推回了客观。孟子说“性善”，荀子说“性恶”，都是站在自己立场从主观上来说的，都给人性赋予了主观色彩，都使人性偏离了客观，都是“偏心”。“性善”“性恶”无论哪一说成立，都会使“良知”失去努力的方向和意义。“性善”，还用“致”什么“良知”；“性恶”，又怎么能“致良知”？只有人性本来“无善无恶”，“良知”才有用力处。“无善”，遇事就用“良知”去加一个“善”；“无恶”，“良知”遇事才可以去加一个“善”。这样就保证了人性本体发出的始终都是至善，这就是所谓“正心”。“无善无恶”是王阳明对人性本体解释的最终定论，是他对自己“良知思想”前提的重要补充。“无善无恶”是中国哲人对人性本体的第三种解释，是对孟、荀人性论的综合修正，是王阳明对中国哲学思想的巨大贡献。“无善无恶”人性论使阳明的“良知学说”彻底落到了实处。明确了心之本体应该是“无善无恶”，人们才可以好好地去做“正心”的功夫。否则，“性善”还用什么“正心”，“性恶”又怎么能“正心”？无偏无倚的“无善无恶”这一概念，就是阳明心学以为万化之本的太极，因而是阳明心学基石的基石。所以，“无善无恶是心之体，有善有恶是意之动，知善知恶是良知，为善去恶是格物”——“四句教”对《大学》格、致、诚、正的新解是阳明思想的最终定论，也是阳明心学的最高浓缩，至简概括。

《薛侃录》中，阳明先生与薛侃论花间草，既在陈述客观上“无善无恶”论的同时，也陈述了主观上心之本体“无善无恶”论。

薛侃在清除花中草时，顺便问道：“天地间为什么善难培养，恶难铲除呢？”

阳明先生说：“既未培养，也未铲除。”过了片刻，先生又说：

“如此看待善恶，只是从形体上着眼，自然有错。”

薛侃不理解话中之意。

先生解释说：“天地化生，如花草一般，何曾有善恶之别？你想赏花，即以花为善，以草为恶；若要利用草时，又以草为善了。这些善恶都是由人心的好恶而产生的，所以从形体上着眼看善恶是错误的。”

薛侃问：“那岂不是无善无恶了吗？”

先生说：“无善无恶是理之静，有善有恶是因气（表面的外在的形体的）动而产生的。不为气所动，就是无善无恶，就是至善。”

薛侃问：“佛教也主张无善无恶，其间有何区别？”

先生说：“佛教执着于无善无恶，其余的一概不管，不能够治理天下。圣人的无善无恶，只是不要有意为善，不要有意为恶，不为气所动。如此遵循先王之道到达极致，便自然能依循天理，便能像《易经·泰卦》所说‘裁成天地之道，辅相天地之宜’。”

薛侃说：“草既然不为恶，那么草就不该拔除了。”

先生说：“如此又成为佛、老的主张。如果草有所妨碍，为什么不拔除呢？”

薛侃说：“这样就又在有意为善、有意为恶了。”

先生说：“不着意为善去恶，并非说全无好恶。如果全无好恶，就会成为一个麻木不仁的人。所谓‘不着意’，只是说好恶全凭天理，不再别有他意。如此，就与不曾好恶是一样的了。”

薛侃问：“除草时，如何全凭天理而别无他意呢？”

先生说：“草有所妨碍，应该拔除，就要拔除。有时没有拔除干净，也不放在心上。如果在意的话，便会成为心体上的累赘，便会为气所动。”

薛侃说：“如此说来，善恶全然与物无关了？”

先生说：“善恶自在你心中，遵循天理即为善，为气所动即为恶。”

薛侃说："物的本身毕竟没有善恶。"

先生说："在心如此，在物亦如此。世上儒者只是不懂这一点，舍心逐物，把格物之学认错了，成天向外寻求，只做得一个'义袭而取'[①]，终身仅是行而不明，习而不察。"

薛侃问："对于'好好色，恶恶臭'，又该做何种理解呢？"

先生说："这正是自始至终遵循天理，天理本当如此，天理本无私意为善为恶。"

薛侃说："好好色、恶恶臭又怎么不为意呢？"

先生说："这是诚意，而非私意。诚意只是遵循天理。虽是遵循天理，也不能再添加一分故意，因此，有一丝愤恨与好乐，心就不能公正，必须大公无私，方是心之本体。明白这些，就能明白'未发之中'。"

伯生（人名）说："先生讲'草有所妨碍，理应拔除'，但为什么又说是从形体上着眼呢？"

先生说："这需要你在自己心中加以体会。你若要除草，是安的什么样的心？周茂叔不除窗前之草[②]，他安的又是什么样的心？"

先生对求学的人说："做学问必须有个主宰（良知），加此功夫才有着落。即使不能无间断，应该像船的舵，关键时刻一提便明白。否则，虽然是做学问，但也只是'义袭而取'，只能行而不明，习而不察。不是大本达道。"先生接着又说："有了主宰，横说直讲都正确。如果此处畅通，别处不通，只是因为没有主宰。"

《薛侃录》中论"无善无恶"心体至少有三个层次：

第一层次："不动于气，即无善无恶，是谓至善"——内心不

① 义袭而取：《孟子·公孙丑上》："是集义所生者，非义袭而取之也。"袭：一时；突然的，突发的。不是一时的正义行为就能得到的。

② 周茂叔不除窗前之草：宋儒程颢记自己当年跟老师周敦颐（字茂叔）读书时，"周茂叔窗前草不除去，问之，云：与自家意思一般"。含义：按照理学的说法，天地之大德，就是生长发育万物的仁爱之心。但天地之仁心不可见，只能从草木荣茂中见之。周敦颐认为，自己的仁爱之心也是如此。

为表面的、外在的、形体的东西所动，不偏不倚、公平允当地思考处理事情，就是无善无恶，就能找到解决问题的最好办法。

第二层次："圣人无善无恶，只是'无有作好，无有作恶'[①]，不动于气"，这句后面又补充说"无私意作好作恶"——品德美好的人不偏不倚，不去谋求那些表面的、外在的、形体的东西，更不会怀着私心，或去拉帮结派，或去故意打击别人。

第三层次："虽是循天理，亦着不得一分意，故有所忿懥好乐则不得其正，须是廓然大公，方是心之本体。知此，即知'未发之中'"——做了好事也不要唯恐天下人不知道，做好事是出于本心，不求回报，如果得到回报就高兴，得不到回报就发怒，目的就不够端正。做了坏事也不可能别人都不知道，也会受到自己良心谴责，所以必须立一个大公无私的心体。知道这些，就能理解《中庸》所说的"未发之中"是什么意思，这是我们做人做事的根本。

论花间草后谈"诚意"时，又有"心之本体原无一物""《书》所谓'无有作好作恶'，方是本体"的论述。

《黄修易录》中还有一个关于心之本体"无善无恶"的桥段。

黄修易（字勉叔）问："心无善恶时，这个心就空空荡荡，是不是再需要存养一善念？"

先生说："既然除掉了恶念，就是善念，也就恢复了心的本体。例如，阳光被乌云遮挡，当乌云散去后，阳光又会重现。若恶念已经除掉，而又去存养一个善念，这岂不是在阳光下又添一盏明灯？"

可见，"无善无恶"是心之本体，也不是只在"四句教"中

---

① 《尚书·洪范》："凡厥正人……无偏无颇，遵王之义；无有作好，遵王之道；无有作恶，遵王之路。无偏无党，王道荡荡；无党无偏，王道平平；无反无侧，王道正直。"凡是做官的人……不要偏颇，要遵守原则；不要故意讨好（有意为善），要遵守规矩；不要逞威作恶（故意作恶），要遵守正道。不要拉帮结伙，要胸怀坦荡；不要结党营私，要公平公正；不要违法乱纪，法网恢恢，疏而不漏。

才讲的，以前也曾旁及过。王畿的话就说明，“四句教”不是“天泉证道”时突然冒出来的，之前也讲过。

读《传习录》，我们还可以发现，王阳明认为人最大的毛病有三：自以为是、贪图虚名、傲。自以为是必不接受他人意见，是不肯进步之人。贪图虚名必嫉妒心强，是浮躁不实之人。傲必自高自大，是轻视别人之人。这三种人实际都是一个“有”，内心芜杂；而王阳明强调“无”，要求内心干净。“有已则忘理，明理则忘己。”[①]

## 第四节　王阳明慎于立言

人说阳明得古人所谓立德、立功、立言“三不朽”，其实，对于立言，他可以说是踌躇再三。

阳明长期为官，虽勤于讲学，但并不专事著述，所以学术著作并不多。早年讲学，门人有私录者，先生闻之，谓之曰：“圣贤教人如医用药，皆因病立方，酌其虚实、温凉、阴阳、内外而时时加减之，要在去病，初无定说。若拘执一方，鲜不杀人矣。今某与诸君不过各就偏蔽（弊），箴切砥砺，但能改化，即吾言已为赘疣。若遂守为成训，他日误已误人，某之罪过可复追赎乎？”[②]他从一开始就担心自己的话被当成教条。

直到晚年，阳明仍担心别人会误解他如医用药、因病立方而说过的话。嘉靖六年（1527）四月，时邹守益（字谦之）流谪广德（今属安徽），以所录先生文稿请刻，阳明制止说：“不可。吾党学问，幸得头脑，须鞭辟近里，务求实得，一切繁文靡好，传

① 陆九渊：《语录下》，见《陆九渊集》卷三十五，中华书局1980年版。

② 徐爱：《传习录序》，见王守仁《王阳明全集》卷四十一，上海古籍出版社1992年版。

之恐眩人耳目，不录可也。”谦之复请不已。先生乃取近稿三之一，标揭年月，命钱德洪编次，又写信给钱说：“所录以年月为次，不复分别体类者，盖专以讲学明道为事，不在文辞体制间也。”明日，钱德洪又整理出一些没刊过的文稿请刻，阳明更是语重心长地说：“此爱惜文辞之心也。昔者孔子删述‘六经’，若以文辞为心，如唐、虞、三代，自《典》《谟》而下，岂止数篇？正惟一以明道为志，故所述可以垂教万世。吾党志在明道，复以爱惜文字为心，便不可入尧、舜之道矣。”德洪也复请不已，乃许数篇。等到读过刊刻出来的文录，阳明又对学者们说：“此编以年月为次，使后世学者，知吾所学前后进诣不同。”又说：“某此意思赖诸贤信而不疑，须口口相传，广布同志，庶几不坠。若笔之于书，乃是异日事，必不得已，然后为此耳！”又说：“讲学须得与人人面授，然后得其所疑，时其浅深而语之。才涉纸笔，便十不能尽一二。”①

阳明反复强调他讲学只为指点学者明道，而且都是根据每个人的不同情况进行面授，他说的话只有在那种特殊的场中才能得到正确的表达和解释，他要求门人弟子也必须用这种口口相传的方法广布同志。他举孔子删述“六经”为例，要门人不要从喜爱文字的角度去编辑他的文集。他说，成书是他过世之后不得已的事，因为他担心一旦形诸文字，别人就会只注重他的言，而不注重他的心了。

徐珊放弃嘉靖二年（1523）会试回来后，叙述自己对阳明之学的认识过程，很能说明先生讲学必须面授之说的意义：“始吾未见夫子也，则闻夫子之学而亦尝非笑之矣，诋毁之矣。及见夫子，亲闻良知之诲，恍然而大寤醒，油然而生意融，始自痛悔切责。吾不及夫子之门，则几死矣。”徐珊进而对那些没有亲自听过先生

① 引文均见钱德洪《刻文录叙说》，见王守仁《王阳明全集》卷四十一，上海古籍出版社1992年版。

讲学，而非议先生之学的人说："彼盖未尝亲承吾夫子之训也，使得亲承焉，又焉知今之非笑诋毁者，异日不如我之痛悔切责乎？不如我之深知而笃信乎？"[①] 阳明甚至认为，"书札往来，终不若面语之能尽，且易使人溺情于文辞，崇浮气而长胜心"[②]。

钱德洪觉得《五经臆说》是老师的重要著作，请刻，阳明笑着说"付秦火久矣"，拒绝了。写作《五经臆说》，他用了七个月，计四十六卷，涉及的典籍也不止"五经"，而是读十部经书的心得。就是这样一部著作，大概阳明觉得是自己早期不太成熟的作品，"既后自觉学益精，工夫益简易，故不复出以示人"[③]。

就连《〈大学〉问》这样重要的著作，开始门人有请录成书者，阳明都拒绝说："此须诸君口口相传，若笔之于书，使人作一文字看过，无益矣。"直到嘉靖六年（1527）起征思田，门人复请再三，他才录下来交给钱德洪，还唯恐为心术不正或别有用心的人用来"藉寇兵而赍盗粮"[④]。

我国古人就有"书不尽言，言不尽意"之说，大概阳明以为，善教如孔子，尚"述而不作，信而好古"，所以对待立言不可不慎之又慎。"虽圣人之言，且亦不能无病，况于吾侪！"[⑤] 阳明此心可能亦受禅宗"不立文字，直指人心"教义的影响。

他反对立自己的言，也反对浅薄弟子立言。门人中有急于刻书立言者，阳明听说后叹道："此弊溺人，其来非一日矣。不求自信而急于人知，正所谓'以其昏昏，使人昭昭'也。耻其名之无闻于世，而不知知道者视之，反自贻笑耳。……但一言之误，至

---

① 王守仁：《书徐汝佩卷》，见《王阳明全集》卷二十四，上海古籍出版社 1992 年版。

② 王守仁：《答方叔贤》，见《王阳明全集》卷四，上海古籍出版社 1992 年版。

③ 钱德洪：《〈五经臆说十三条〉序》，见王守仁《王阳明全集》卷二十六，上海古籍出版社 1992 年版。

④ 钱德洪：《〈大学〉问》跋，见王守仁《王阳明全集》卷二十六，上海古籍出版社 1992 年版。

⑤ 王守仁：《与顾惟贤》，见《王阳明全集》卷二十七，上海古籍出版社 1992 年版。

于误人无穷，不可胜救，亦岂非汲汲于立言者之过耶?”等到晚年，钱德洪问是否整理答示门人书稿，作数篇训语以示将来时，阳明终于慎重地答道：“有此意。但今学问自觉所进未止，且终日应酬无暇。他日结庐山中，得如诸贤有笔力者，聚会一处商议，将圣人至紧要之语发挥作一书，然后取零碎文字都烧了，免致累人。”[①] 等于还是没答应。

南大吉是深知恩师的，他在编刻《传习录》时告诫说：“天下之于是录也，但勿以闻见梏之，而平心以观其意；勿以门户隔之，而易气以玩其辞。勿以录求录也，而以我求录也，则吾心之本体自见。”[②]

钱德洪、王畿亦不愧是阳明晚年高徒，钱氏《阳明先生文录序》非常理解先生“立意教不立言教”的良苦用心，王畿《重刻阳明先生文录后语》也深得师心：“凡待言而传者，皆下学也。学者之于言者，犹之暗者之于烛，跛者之于杖也。……不得于心而泥于言，非善于学者也。……得也者，非得之于言，得之于心也；契之于心，忘乎言者也，犹之烛之资乎明，杖之辅乎行，其机则存乎目与足，非外物所得而与也。”

许多刻印阳明著述者，都对此进行了提醒：“求之于心而得，则先生之言庸以相印。”[③]“先生之学诚不当于文字间求矣。”[④]

今人钱明氏于阳明全书成书经过有全面的考察：“编者的目的，并不是要收集阳明的全部著作，从而如实地反映阳明思想的发展过程，而是想把《阳明全书》作为王门及整个社会的教科书，

---

① 引文均见钱德洪《刻文录叙说》，见王守仁《王阳明全集》卷四十一，上海古籍出版社 1992 年版。

② 南大吉：《传习录序》，见王守仁《王阳明全集》卷四十一，上海古籍出版社 1992 年版。

③ 王宗沐：《传习录序》，见王守仁《王阳明全集》卷四十一，上海古籍出版社 1992 年版。

④ 闾东：《重刻阳明先生文集序》，见王守仁《王阳明全集》卷四十一，上海古籍出版社 1992 年版。

以达到正心明道的目的。”[1]

徐爱、薛侃、南大吉、钱德洪、王畿等都是得了阳明真传的，《传习录》者，传先生良知之学，令学者习之、践履之也。

阳明担心为言所害，在他还在世的时候就已应验，在他过世后更是几于不可收拾。此乃另话。

① 钱明：《阳明全书成书经过考》，王守仁《王阳明全集》卷四十一，上海古籍出版社 1992 年版。

# 第九讲　明德亲民

官员们的致良知事上磨炼了，功利心拔本塞源了，本体上无善无恶无偏倚了，就要学以致用了。学以致用就是要明德亲民，从而治国平天下。

## 第一节　缘　　起

“明德”“亲民”是儒学经典《大学》论述的核心内容，王阳明的《〈大学〉问》从心学角度对它进行了系统阐释。《〈大学〉问》囊括了王阳明的整体思想，可以说是王阳明留下来的唯一著作。

王阳明对《大学》的解释既是他创立心学的起点，也是他良知学说的归宿。他常说：“吾此意思有能直下承当，只此修为，直造圣域。”如果真能按照我对《大学》的解释去做，就可以直接达到圣贤的境界。凡新来的学者，阳明都是先为他讲解自己对《大学》的解释，使其入门便知自己所创心学的基点和目的。门人有请录成书者，阳明说：“此须诸君口口相传，若笔之于书，使人作一文字看过，无益矣。”他强调的还是行，甚至以行为知。

也是嘉靖六年（1527）九月，阳明起复征思、田，临行前，门人复请，他终于答应。此书写出来交给钱德洪时，阳明说：“《〈大学〉或问》数条，非不愿共学之士尽闻斯义，顾恐借寇兵而赍盗粮，是以未欲轻出。"[1] 之前就是因为自己对《大学》的解释与朱子不同，而遭到朱子学者的攻击，所以没有轻易作文。但经过长时间的思考与辨析，阳明此时对自己的学说已有十足的把握，所以才落笔成书。阳明征思、田没能活着回来，所以梁启超称《〈大学〉问》"可算得他平生论学的绝笔"[2]。

《传习录》首卷《徐爱录》一开始，就是记载王阳明关于《大学》论述的。

正德七年（1512）年底，阳明北辞京师，往滁州赴任南京太仆寺少卿，刚好徐爱也升任南京工部员外郎，两人同行，师徒就在南下船上讨论起了《大学》。

徐爱问：《大学》首章的"在亲民"，朱熹先生认为应作"新民"，后章"作新民"文句，好像可做凭证，先生认为应按旧本作"亲民"，不知可有什么根据吗？阳明答，《大学》本来说"大学之道，在明明德，在亲民，在止于至善"，是"亲民"而不是"新民"；孔子说修己以安百姓，"修己"就是"明明德"，"安百姓"就是"亲民"，这意思本来非常清楚，"亲民"有兼教养之意，"新民"使后文无了着落，与下面的"治国平天下"无发明。王阳明认为，程颐硬将"亲民"改为"新民"，朱熹不仅沿用程颐的错误，而且任意分割原文，杂以己意，将人引入歧途，读《大学》当以《礼记》旧本为正，不能尽信朱子之言。

一番话让徐爱惊骇不已，《大学》是儒学的宣言，是最简明又全面地阐述了儒学本体论与功夫论的宪章纲领，朱子在当朝被奉为先哲，是孔孟学说的权威解释人和继承人，他的《大学章句》为全国通用教材，他的书就是经典，老师的话可谓离经叛道之言。

---

① 以上引文均见钱德洪《〈大学〉问》跋，王守仁《王阳明全集》卷二十六，上海古籍出版社 1992 年版。"借寇兵，赍盗粮"：把武器借给了贼兵，把粮食送给了盗匪。比喻帮助自己的敌人增强力量。

② 《梁启超·王阳明知行合一之教》，转引自冯友兰等著《知行合一：国学大师讲透阳明心学》，台海出版社 2016 年版。

朱子对《大学》几个重要观念的诠释，在他整个经典解释系统中占有重要地位，他少时即受教读《大学》，临终前仍在修改《大学章句》，他以超人的学识和智力，把终生奉献给这样一篇短小古典文献的整理。《大学》原为小戴《礼记》第四十二篇，东汉郑玄为之作注，唐代孔颖达领撰《五经正义》，《大学》遂定格为郑注、孔疏本，习称“注疏本”，此即古本《大学》。《大学》的内容可分为两部分：一部分提出了“明明德”“亲民”“止于至善”三纲领和“格物”“致知”“诚意”“正心”“修身”“齐家”“治国”“平天下”八条目，另一部分是对三纲领八条目的解说和论证。朱子把提出三纲领八条目的第一部分称为“经”，把第二部分即解释三纲八目及其相互关联的部分称为“传”。朱子在研究所谓“传”这一部分时发现，这一部分基本是按照次序逐条解释三纲八目的，但在逐条解释中唯独缺少对“诚意在致知”“致知在格物”的论证，而且对“正心在诚意”的论证也没有按照八条目应有的次序，反而出现在传文开始的地方。于是，朱子继承北宋儒学对《大学》本文面貌的怀疑传统，认为，解释诚意的传文没有出现在八条目中应在的位置上，是由“错简”造成的；而全文中没有出现对致知、格物的解释，则是由“阙文”造成的。朱子《大学章句》最重要的工作有两条：一是把传文中对诚意的解释移后至对应的位置，二是作了一个“补‘致知在格物’传”，来弥补所谓“阙文”。后人称此为“移其文、补其传”。朱子《大学章句》宋季之后成为流行最广的本子，元代奉为科举功令，具有普遍的权威性。相对于郑玄《大学》“古本”，朱子改本亦称“新本”。

朱子特别致力于对《大学》中所谓“格物”“致知”问题的解释，他的努力产生了广泛的影响，“从此整个哲学被格物致知的问题所笼罩，格物与致知成为宋明理学中最富生命力的范畴”[①]。与徐爱南舟论学之前，阳明早有“龙场悟道”，他已经放弃了朱子

① 陈来：《有无之境：王阳明哲学的精神》，人民出版社 1991 年版，第 118 页。

对《大学》的章句和解释，而找到了新的经典基础，并建立了完全不同的诠释体系。

《大学》中的“格物”，按程颐和朱熹的解释，就是剖析事物，“格物致知”就是即物穷理，因此，有“今日格一物，明日格一物，脱然自有贯通处”的说法。王阳明的解释不同，他认为，“物者，事也”，“格者，正也”[①]，这样，格物便不再是“剖析事物”，而成为“匡正事物”了。而“致知”中的“知”，王阳明说根本不是朱子所说的“知识”，而是《孟子》一书中的“良知”。良知不假外求，自然不可向外即物穷理，只能反求诸已了。“致吾心之良知者，致知也。”[②] 这样，“格物致知”便被解释成“匡正事物，找回本心”，与朱子“探究事物原理，使认识达到明彻”的解释就完全不同了。阳明甚至干脆说：“随时就事上致其良知，便是格物。”[③]

王阳明进一步追问如何由知善到行善，并发现完成这一过程的首要前提是化知识为德性，因此，他把问题的讨论直接引向了格外在之物与成自家之意的关系，并鲜明地表示自己关注的首先是后者：“先儒解格物为格天下之物，天下之物如何格得？且谓一草一木亦皆有理，今如何去格？纵格得草木来，如何反来诚得自家意？”[④] 所以他认为，“《大学》之要，诚意而已”[⑤]，而朱熹的新本弄成了以格物为主题，让人逐个地格一物致一知，让心不歇地去追求理，遂陷入外驰支离的困境，生有涯而知无涯，到死也不能见道。因此，王阳明以郑玄古本《大学》为正，认为无所谓阙文，无须补传；无所谓错简，无须移文，原文本自平正通顺。他

---

① 王守仁：《〈大学〉问》，见《王阳明全集》卷二十六，上海古籍出版社 1992 年版。

② 《传习录中·答顾东桥书》。

③ 《传习录中·答聂文蔚（二）》。

④ 《传习录下·黄以方录》。

⑤ 王守仁：《大学古本序》，见《王阳明全集》卷七，上海古籍出版社 1992 年版。

去掉了朱子的分章补传，在旁边加上了自己的解释，这就是他的《大学古本傍释》。在诚意的指导下来格物，就等于把格物这个理学的基石性概念纳入心学体系。陆九渊指出，如果内心不洁净，没有善良的情感和动机，即使读了圣人之书也只能是“借寇兵，资盗粮”。“不带着正确的立场和方向格物穷理，不用‘心’统摄所格之物、所穷之理，是不可能有真修身的。”①

这是一个基本立场问题，也是一个逻辑原点设定问题，何者为先，关系到全部努力的方向和结局。王阳明认为，朱子以格物为先，就会追逐外物，步入支离之境，越努力离大道越远，因为起脚就走上了旁窦邪路；自己以诚意为起点，则一上道就在道德轨道上，每活一天都是在为自己的“心”升入至善之境而做功夫，自己并不反对一般的格物，只是强调要在诚意的率领下去格物致知，给格物一个明确的为善去恶的方向，而诚意本身也就是为善去恶。②

程朱理学的整个思想体系，是以格物致知说为支柱的，王阳明的解释动摇了这个基础，徐爱之错愕可想而知。《徐爱录》可作为学习《〈大学〉问》的课外辅导书。

## 第二节 王阳明的仕途观

研究王学始终要面对这样一个问题，朝廷科举考的是以朱子注疏为标准的“四书”“五经”，王阳明反对御用朱子学，反对朱熹对《大学》的解释，那么，他反对科举吗？如果反对，就阻碍了读书人的仕进之路，所谓圣贤之功不过是空中楼阁，王学根本

① 方尔加：《王阳明心学研究》，湖南教育出版社 1989 年版，第 108 页。

② 参见周月亮著《心学大师王阳明大传》第十二回《功成自会·教典问世》，中华工商联合出版社 1999 年版。

不会有市场；如果不反对，士人还是要沉溺御用朱子学，官员质量还是无法保证，这也是阳明再也不愿看到的。如何在不阻碍读书人仕进之路的前提下，为朝廷培养出更多高质量的官员，是阳明要解决的首要课题，所以他不反对科举入仕而只强调立圣贤之志。

阳明不但自己参加了科举走上仕途，而且临死前还写信让人催促钱德洪、王畿抓紧时间进京参加殿试，他希望有更多优秀门生能通过科举成为朝廷命官。

正德二年（1507），正准备参加来年会试的妹婿徐爱请为门人，阳明作为过来人，亲自指导了这位大弟子。他先进行心理辅导："君子穷达，一听于天，但既业举子，便须入场，亦人事宜尔"；接着嘱咐："入场之日，切勿以得失横在胸中"；进而进行具体指导："场中作文，先须大开心目，见得题意大概了了，即放胆下笔；纵昧出处，词气亦条畅"，千万不要"一念在得，一念在失，一念在文字"，这样一心三用是不可能成功的。甚至对进场十日前、进场前两日如何如何，他都进行了详尽细致的指导，果然，徐爱中正德三年（1508）进士。[①]

阳明认为圣贤之学与科举之业并不矛盾。正德十一年（1516）九月，阳明升左佥都御史，奉命将南，学生白说与其弟追送南京龙江码头舟中，问："圣贤之学，所以成身；科举之业，将以悦亲。二者或不能并进，奈何?"阳明回答："成身悦亲，道一而已。不能成身，不可以悦亲；不能悦亲，不可为成身。"并接着指导说："子但笃志圣贤之学，其绪余出之科举而有余矣。"[②]

正德十二年（1517）五月，在赣南闻五门生同中进士，阳明

---

① 引文均见《示徐曰仁应试》，见王守仁《王阳明全集》卷二十四，上海古籍出版社1992年版。

② 《四箴卷跋》，见计文渊编《王阳明法书集》，西泠印社1996年版。

写信称“闻诸友皆登第，喜不自胜”[①]。

嘉靖二年（1523）会试以心学为问，阴以辟阳明，门人徐珊（徐汝佩）不答而出，阳明听说后“黯然不乐者久之”，有人问为什么，默然不应。徐珊回来后对大家说：“夫子之黯然而不乐也，盖所以爱珊之至而忧珊之深也。”[②] 阳明很无奈，自己宣扬圣学，却使弟子耽误了前程。他希望经他培养的俊逸人才，能够为朝廷所用。

嘉靖七年（1528）六月，阳明兴南宁学校，行牌谕曰：“其诸生该赴试者，临期起送；不该赴试者，如常朝夕聚会。考德问业之外，或时出与经书论策题目，量作课程；就与讲析文义，以无妨其举业之功。”[③] 在广西的多道公移里，阳明都说过类似的话，在大讲圣贤之学时，他是非常关心学生举业的，一再要求负责的官员不要误了诸生的举业课程。

阳明面对大多需要科举的士子们讲学，还是要讲一些章句什么的，在他正德十三年（1518）六月十八日的奏疏里，有“切念臣以章句腐儒”[④] 之说。嘉靖六年（1527）出征广西写给杨一清的信中也说：“近年以来，忧病积集，尪羸日盛，惟养疴丘园，为乡里子弟考订句读，使知向方。”[⑤] 从《传习录》的内容来看，他与弟子们讨论问题的范围，基本还是不出“四书”“五经”。

阳明考没考过生员，是否在学宫读过书，无材料证明，但有

① 王守仁：《与希颜台仲明德尚谦原静》，见《王阳明全集》卷四，上海古籍出版社 1992 年版。

② 王守仁：《书徐汝佩卷》，见《王阳明全集》卷二十四，上海古籍出版社 1992 年版。

③ 王守仁：《牌行委官季本设教南宁》，见《王阳明全集》卷十八，上海古籍出版社 1992 年版。

④ 王守仁：《辞免升荫乞以原职致仕疏》，见《王阳明全集》卷十一，上海古籍出版社 1992 年版。

⑤ 王守仁：《寄杨邃庵阁老·四》，见《王阳明全集》卷二十一，上海古籍出版社 1992 年版。

两条材料可以证明他曾入太学：其一，他曾说“往时仆与王寅之、刘景素同游太学”[①]；其二，他说他与好友程守夫“同卒业于北雍（北京国子监）”[②]。

阳明是怎样认识科举的呢？

正德三年（1508），阳明在贵州时就谈过怎样看待科举。他在《重刊文章轨范序》中认为，举业离圣人之道虽远，但如今不习举业就不能实现抱负，举业就是读书人晋见君王的见面礼，见面礼不够好，对君王是不恭敬的，所以不应该责备举业本身。业举而奉见面礼的动机不是求媚于主，也不是要利于君，而是表示诚意而已。世人见由科举而做官的，很多人一味徇私牟利，不给君王干事，于是就归咎于举业，殊不知这些人初业举时，就不是诚意奉献见面礼，而是以钓声利、肥身家为目的，动机不纯。按照孟子、程颐的说法，在业举之前，恭敬地立个必为贤人君子的诚心，那么，一样可以通过举业而达致圣人境界。“举业不患妨功，惟患夺志。”[③]

家贫亲老，岂可不求禄仕？求禄仕而不工举业，却是不尽人事而徒责天命，无是理矣。但能立志坚定，随事尽道，不以得失动念，则虽勉习举业，亦自无妨圣贤之学。若是原无求为圣贤之志，虽不业举，日谈道德，亦只成就得务外好高之病而已……

……然谓举业与圣贤之学相戾者，非也。程子云：“心苟不忘，则虽应接俗事，莫非实学，无非道也。”而况于举业乎？谓举业与圣人之学不相戾者，亦非也。程子云：“心苟忘之，则虽终身由之，只是俗事。”而况于举业乎？忘与不忘之间不能以发，要在

① 王守仁：《答储柴墟·二》，见《王阳明全集》卷二十一，上海古籍出版社1992年版。

② 王守仁：《程守夫墓碑》，见《王阳明全集》卷二十五，上海古籍出版社1992年版。

③ 王守仁：《与辰中诸生》，见《王阳明全集》卷四，上海古籍出版社1992年版。

深思默识所指谓不忘者果何事耶，知此则知学矣。[①]

《年谱》专门提到阳明“论圣学无妨于举业”。嘉靖三年(1524)，钱德洪带着两个弟弟在绍兴城南稽山书院读书，其父前来探望，魏良政、魏良器等陪他游禹穴诸胜十日未返，问这样会不会妨碍课业，回答说“吾举子业无时不习”，又问学心学会不会影响学朱子学，二人回答：“以吾良知求晦翁（朱熹）之说，譬之打蛇得七寸矣，又何忧不得耶?”钱父疑未释，进问先生，阳明说不但无妨碍，而且有大益，并以治家喻治举：“学圣贤者，譬之治家，其产业、第宅、服食、器物皆所自置。欲请客，出其所有以享之；客去，其物俱在，还以自享，终身用之无穷也。今之为举业者，譬之治家不务居积，专以假贷为功，欲请客，自厅事以至供具百物，莫不遍借。客幸而来，则诸贷之物一时丰裕可观；客去，则尽以还人，一物非所有也；若请客不至，则时过气衰，借贷亦不备；终身奔劳，作一窭人而已。是求无益于得，求在外也。”第二年大比，稽山书院二人中举，钱父闻之笑曰：“打蛇得七寸矣。”以良知去习朱子学、举子业，真是抓住了要害。[②]

阳明认为，读书人科举入仕后，做学问修德业与事功并不矛盾，早期弟子朱节（朱守忠）曾为此请益，他复信回答说：“君子之事，敬德修业而已。虽位天地、育万物，皆己进德之事，故德业之外无他事功矣。”[③]

阳明也不是一味地反对谋略、技能等知识，他说关键看用来做什么，以什么心思来用。“虽小道必有可观。如虚无、权谋、术

① 王守仁：《寄闻人邦英邦正》，见《王阳明全集》卷四，上海古籍出版社1992年版。

② 引文均见《年谱三》，王守仁《王阳明全集》卷三十五，上海古籍出版社1992年版。

③ 王守仁：《祭朱守忠文》，见《王阳明全集》卷二十五，上海古籍出版社1992年版。

数、技能之学，非不可超脱世情。若能于本体上得所悟入，俱可通入精妙。但其意有所着，欲以之治天下国家，便不能通，故君子不用。”①

读书人业举的目的是出仕，出仕的目的又是什么呢？阳明曰：“君子之仕也以行道。不以道而仕者，窃也。”② 他赞美“古之君子，戒慎不睹，恐惧不闻，致其良知而不敢须臾或离者”③，要求官员“惩己之忿”“窒己之欲”“舍己之利”“惕己之易”“去己之蠹”“明己之性”④。

当时科举存在什么问题？应该怎样纠正呢？

当时的现实是：“士皆巧文博词以饰诈，相规以伪，相轧以利，外冠裳而内禽兽，而犹或自以为从事于圣贤之学”⑤，“处处相逢是戏场”，“名利牵人一线长”⑥，“王道息而伯（霸）术行，功利之徒外假天理之近似以济其私，而以欺于人”⑦。嘉靖六年(1527)，已到晚年的阳明还写信给欧阳德说：“今人不能常见自己良知，一日之间，此心倏焉而夷狄，倏焉而禽兽，倏焉而趋入悖逆之途，倏焉而流浪贪淫之海，不知几番轮回，多少发现，但人不自觉耳。”⑧

董萝石的一段话即可看作对焦芳等功利之流的不屑：“吾见世之儒者支离琐屑，修饰边幅，为偶人之状，其下者贪饕争夺于富

① 王守仁：《传习录拾遗》第36条，见《王阳明全集》卷三十二，上海古籍出版社1992年版。

② 王守仁：《龙场生问答》，见《王阳明全集》卷二十四，上海古籍出版社1992年版。

③ 王守仁：《自得斋说》，见《王阳明全集》卷七，上海古籍出版社1992年版。

④ 王守仁：《书朱子礼卷》，见《王阳明全集》卷八，上海古籍出版社1992年版。

⑤ 王守仁：《书林司训卷》，见《王阳明全集》卷八，上海古籍出版社1992年版。

⑥ 王守仁：《观傀儡次韵》，见《王阳明全集》，上海古籍出版社1992年版，第711页。

⑦ 王守仁：《象山文集序》，见《王阳明全集》卷七，上海古籍出版社1992年版。

⑧ 《与欧阳崇一·四》，转引自钱明《阳明学的形成与发展》，江苏古籍出版社2002年版，第320页。

贵利欲之场，而尝不屑其所为。以为世岂真有所谓圣贤之学乎？直假道于是以求济其私耳！”训诂是朱子治学基本方法之一，但“今之后生晚进，苟知执笔为文辞，稍记习训诂，则已侈然自大，不复知有从师学问之事”[①]，“记诵训诂，学文辞，冀以是干升斗之禄”[②]，知识学问已沦为谋取个人功利的工具。

阳明深为当时“不知求‘六经’之实于吾心，而徒考索于影响之间”，务虚名而不修养身心的学风士风而担心，号召学生要真正尊奉古代圣人传下来的“六经”：“尚功利，崇邪说，是谓乱经；习训诂，传记诵，没溺于浅闻小见以涂天下之耳目，是谓侮经；侈淫辞，竞诡辩，饰奸心，盗行逐世，垄断而自以为通经，是谓贼经。”[③]

阳明不反对科举入仕，但他要为御用朱子学加入良知之魂。所谓“知行合一”，所谓“致良知”，简易直接，坦如大路，讲起来是没有多少新学问的，但确为补偏之笃论、救弊之良方。一部《传习录》只说一句话，就是要人们时时刻刻提醒自己，做人做事对不对得住那颗良心。

## 第三节　“明德亲民”释义

阳明是在龙场“中夜大悟格物致知之旨”[④]的，即在龙场他就发现了与朱熹不同的对《大学》“格物致知”的解释，至嘉靖六年（1527），经过二十年的研究思考加之亲身履历，到这时他已愈加讲得十分透彻。

---

① 王守仁：《从吾道人记》，见《王阳明全集》卷七，上海古籍出版社1992年版。

② 王守仁：《与傅生凤》，见《王阳明全集》卷八，上海古籍出版社1992年版。

③ 王守仁：《稽山书院尊经阁记》，见《王阳明全集》卷七，上海古籍出版社1992年版。

④ 《年谱一》，王守仁《王阳明全集》卷三十三，上海古籍出版社1992年版。

王阳明的《〈大学〉问》是心学入门课，任何对心学感兴趣的人，如果能读透这篇文章，也就从理论上正式迈进了阳明心学的殿堂。

《大学》是教人修养身心的方法，自朱子特别看重这篇文章并将其编作“四书”之首后，其意义就越发重要了。

《大学》原经：“大学之道，在明明德，在亲民，在止于至善。知止而后有定，定而后能静，静而后能安，安而后能虑，虑而后能得。物有本末，事有终始，知所先后，则近道矣。古之欲明明德于天下者，先治其国；欲治其国者，先齐其家；欲齐其家者，先修其身；欲修其身者，先正其心；欲正其心者，先诚其意；欲诚其意者，先致其知；致知在格物。物格而后知至，知至而后意诚，意诚而后心正，心正而后身修，身修而后家齐，家齐而后国治，国治而后天下平。自天子以至于庶人，壹是皆以修身为本。其本乱而末治者否矣，其所厚者薄，而其所薄者厚，未之有也。”

朱子在《大学章句》中训“致知在格物”原文：“致，推极也。知，犹识也。推极吾之知识，欲其所知无不尽也。格，至也。物，犹事也。穷至事物之理，欲其极处无不到也。”《补“致知在格物”传》：“所谓‘致知在格物’者，言欲致吾之知，在即物而穷其理也。盖人心之灵莫不有知，而天下之物莫不有理，惟于理有未穷，故其知有不尽也。是以《大学》始教，必使学者即凡天下之物，莫不因其已知之理而益穷之，以求至乎其极。至于用力之久，而一旦豁然贯通焉，则众物之表里精粗无不到，而吾心之全体大用无不明矣。”

《〈大学〉问》为问答体，分六段，阳明自己设问自己作答，前五段通过对《大学》三纲领的讲解，引出了心学理论，末段专讲八条目中的修身功夫。尽管末段讲解修身功夫详尽而细致，但我们认为，八条目是三纲领的功夫，修身的目的就是要达到“明德”“亲民”，从而能够治国平天下，所以《〈大学〉问》的核心主旨就是强调“明德亲民”。

首段谈“大学之道”。朱子曰：“大学者，大人之学也。”阳明认为，不是当官的人就是大人，所谓“大人”，是指有把天地万物看成一个整体的仁德的那类人。他们不分家人和外人，自己人和非自己人，甚至飞禽走兽、花草树木、砖瓦石板，都与他的仁德是一体的。认为“万物一体”，就不会把任何人当作竞争对手而进行残酷打击，如果像焦芳之流的官员那样，为了争夺权位而持成王败寇思想，任意采取各种急功近利的卑劣手段，那就不是大人而是小人了。小人之心，是指被欲望所驱使、被私利所蒙蔽，失去了万物一体仁德的那颗心。所以说，致力于大人学养的人也只是做去除私欲的障蔽、彰显光明的德性、恢复那天地万物一体仁德的功夫而已。——这里谈了“大学之道”是什么样的“大人之学”，也谈了“心中贼”。

次段谈“明明德”“亲民”。阳明说“明明德”（彰显光明的德性）是要倡立天地万物一体的本体，“亲民”（关怀爱护民众）是天地万物一体原则的运用。所以明明德必然体现在亲爱民众上，而亲民才能彰显出光明的德性。由“爱父”而生“孝”的“明德”，由“爱兄”而生“悌”的“明德”。君臣有忠、夫妇有别、朋友有信，以至于山川鬼神、鸟兽草木都去关怀爱护，达到与我一体之仁，我的“明德”没有任何不明处，真正能够达到与万物为一体。这就是《大学》所谓“明明德于天下”，所谓家齐国治而天下平，也就是《中庸》所谓“尽性”。

第三段谈“止于至善”。阳明说“至善”是明德、亲民的终极原则。他进一步解释说，至善是明德的本体，也就是我们说的“良知”。——这里由“至善”“明德”引出自己的“良知学说”。“至善”的显现，表现在肯定对的、否定错的，轻重厚薄等都能感知而判定。后人因不知至善就在己心，而用掺杂私欲的智慧从外面找寻，以为天下事物各有定理，因此掩盖了这个评判是非的标准，使心为统帅的简单道理变得支离破碎，于是私欲泛滥而天理灭亡，明德亲民的学养由此变得混乱。——这里开始了对朱子

“致知在格物”理学的批评，提述了“心学”的必要性。“至善之于明德、亲民也，犹之规矩之于方圆也，尺度之于长短也，权衡之于轻重也”，所以它是人心法则的最高形式。——这里兼说了良知的功用。明明德、亲民不止于至善，其基础就不复存在。所以用止于至善来亲民，并使其明德更加彰显，就是所谓大人的学养。

第四段谈“知止而后有定，定而后能静，静而后能安，安而后能虑，虑而后能得”。阳明说，现在既然知道至善就在我的心中，不用向外面去寻求，努力就有了确定的方向。努力有了确定的方向，那么心就不会妄动而能处于安静。心不妄动而能处于安静，那么在日常生活中，就能从容不迫、闲暇安适，从而安于目前处境。能够安于目前处境，“则凡一念之发，一事之感，其为至善乎？其非至善乎？吾心之良知自有以详审精察之，而能虑矣。能虑则择之无不精，处之无不当，而至善于是乎可得矣”——只要有一个念头产生，只要有对某事的感受出现，它是属于至善的呢？还是非至善呢？我心中的良知自然会以详细审视的本能对它进行精细的观察，因而能够达到虑事精详。能够虑事精详，那么分辨就没有不精确的，处事就没有不恰当的，从而就能够得到至善了。

第五段谈“物有本末，事有终始，知所先后，则近道矣”。阳明不同意朱子继承程颐将“亲民”改为“新民”的说法。他说：“新民之意，既与亲民不同，则明德之功，自与新民为二。若知明明德以亲其民，而亲民以明其明德，则明德亲民焉可析而为两乎？先儒之说，是盖不知明德亲民之本为一事，而认以为两事，是以虽知本末之当为一物，而亦不得不分为两物也。”阳明认为，“新民”的意思是使人民自新，使人民自新的意思既然与亲爱人民不同，那么显明德性的功夫自然与使人民自新为两件事了。如果明白彰显光明的德性是为了亲爱人民，而亲爱人民才能彰显光明的德性，那么彰显德性和亲爱人民怎么能截然分开为两件事呢？以前儒家学者（指程颐、朱熹）的说法，是因为不明白“明德”与

“亲民”本来是一件事，反而认为是两件事，因此，虽然知道根本和末梢应当是一体的，却也不得不把它们区分为两种事物了。——这个对“亲民”而不是“新民”的解释，对“心即理”“知行合一”理论有基石作用。

末段谈“欲修其身”至“致知在格物”。八条目中，“修身”为本，“正心”“诚意”“致知”“格物”是修身的功夫，所以这段是“大人”的主要学养，阳明一一予以讲解。

阳明说，这段是在详细说明明德、亲民、止于至善的功夫。什么叫修身呢？就是为善去恶的行为。身体能自动去为善去恶吗？必然是起主宰作用的灵明想为善去恶，然后，起具体作用的形体才能够为善去恶。所以希望修身的人，必须首先摆正他的心。——谈“正心”。

心的本体本来没有不正的，自从有意念之后，心中才有了不正的成分。所以凡是希望正心的人，必须在意念产生时加以校正。若产生一个善念，就像喜爱美色那样去喜欢它；若产生一个恶念，就像厌恶极臭的东西那样去讨厌它。这样意念就没有不诚正的，心也就可以正了。——谈“诚意”。

想使意念纯正，必须在致知上下功夫。“致”就是达到，所谓“致知”，并不是后儒所说扩充知识的意思，而是达到我心本具的良知。良知就是孟子说的“是非之心，人皆有之”的那种知。这种知是知非的知，不需要思考就能知道，不需要学习就能做到，因此称为“良知”。凡有意念产生，心内良知没有不知道的。善念，良知自然知道，不善念，良知也自然知道。——谈“致知”。

致知必在于格物。物者，事也，凡意之所发必有其事，意所在之事谓之物。格者，正也，正其不正以归于正之谓也。正其不正者，去恶之谓也。归于正者，为善之谓也。夫是之谓格。

要想致知，必须在格物上下功夫。“物”就是事，凡有意念产生时，必然有一件事情，意念所在的事情称作“物”。“格”就是正，把不正的校正过来，使它变正的意思。校正不正的，就是说要去除恶的意念和言行。变成正的，就是说要发善意、讲善言、做善行。这才是“格”字的内涵。——谈与朱熹解释完全不同的“格物”，也讲了“事上磨炼”。

在良知所知道的每件善事或恶事上，实实在在地去为善除恶，使所有事情都得以校正，我内心良知知道的所有内容都没有亏缺、障蔽的地方，就得以达到至善的极点了。——谈“致良知”，也有“拔本塞源”的意思。

《大学》接着说：“物格而后知至，知至而后意诚，意诚而后心正，心正而后身修。”由此可见，格物、致知、诚意、正心这一学说，阐述了尧舜传承的真正精神，也是孔子学说的心印之所在。——这里谈所谓“圣贤之学”。

如上所述，王阳明就在《〈大学〉问》这篇文章中，用心学的观点系统阐释了儒家经典之首《大学》。

儒家经典即“四书”“五经”，儒生在学习“五经”之前，必须先学习“四书”。“四书”又必须先学《大学》，以明白儒学的学习方法和做学问的方向；然后再学习《孟子》，以激起自己的道义精神；接下来学习《论语》，以约束自己的日常行为；最后学习《中庸》，以了解儒学思想的终极境界。

实际上，王阳明早先作有《大学古本傍释》，其序文《大学古本序》就已提出了对朱熹《大学》新本的反对意见。《大学古本序》作于正德十三年戊寅（1518），之后又做了些修改补充，结合这篇小文，有助于我们更好地理解阳明一以贯之的心学思想。

《大学》之要，诚意而已矣。诚意之功，格物而已矣。诚意之极，止至善而已矣。止至善之则，致知而已矣。正心，复其体也；修身，著其用也。以言乎己，谓之明德；以言乎人，谓之亲民；以言乎天地之间，则备矣。是故至善也者，心之本体也。动而后有不善，而本体之知，未尝不知也。意者，其动也。物者，其事也。致其本体之知，而动无不善。然非即其事而格之，则亦无以致其知。故致知者，诚意之本也。格物者，致知之实也。物格则知致意诚，而有以复其本体，是之谓止至善。圣人惧人之求之于外也，而反覆其辞。旧本析而圣人之意亡矣。是故不务于诚意而徒以格物者，谓之支；不事于格物而徒以诚意者，谓之虚；不本于致知而徒以格物诚意者，谓之妄。支与虚与妄，其于至善也远矣。合之以敬而益缀，补之以传而益离。吾惧学之日远于至善也，去分章而复旧本，傍为之什，以引其义。庶几复见圣人之心，而求之者有其要。噫！乃若致知，则存乎心，悟致知焉，尽矣。

王阳明的讲学对象，主要还是准备参加科举入仕或者已经入仕的士子。科举就是为了做官，做官就是做良心。要做官，先修身；修身要在心上修，心要正；心地坦诚就是心正；要坦诚，就要明白一些道理，即致知；要明白做人的道理，就要格物；格物就是格去心头的杂念。物已格，知已致，心已正，意已诚，身已修，自然就会明德亲民。能够明德亲民，做官一定是好官，做人一定是好人。

关于“明明德”，王阳明指出：“大人者，以天地万物为一体者也。其视天下犹一家，中国犹一人焉。”朝廷大人物因为手握权力，必须“视天下犹一家，中国犹一人”，公允处事。“一有私欲之弊……犹小人矣”，如果掌握权力而有私欲，立即就成为小人了。所以朝廷高官为人处世的原则，就是不带私欲。关于“亲民”，就是在为人民服务这件事上，时时刻刻于万事万物上明明德。“至善”是明德、亲民的标准，私意小智，就绝对谈不上至善。

朱熹认为《大学》以“格物”为中心；王阳明认为《大学》以“诚意”为中心，人在“意诚”时，他的心是正的，正心就要诚意。我们还可以看一下《薛侃录》的记载：

蔡希渊问：朱熹先生在《大学章句》中把格物致知放在诚意功夫之前，似乎与第一章的次序相同。如果按照先生的主张，仍依据旧本的话，那么，诚意就在格物致知前面，二者似有矛盾。所以，我还有不明白的地方。

先生说：《大学》的功夫就是“明明德”，“明明德”只是个“诚意”，“诚意”的功夫只是“格物”“致知”。若以“诚意”为主要，用“格物”“致知”的功夫，功夫才有着落。亦即为善去恶都是“诚意”的事。如果像新本所说，先去穷究事物之理，就会茫然而没有着落处。必须增添一个“敬”字，才能找回自己的身心上来，但毕竟没有根源。如果须添个“敬”字，为什么孔子及其弟子把如此关键重要的字给遗漏了，一直等到千余年后的今天才被人补上呢？只要说以“诚意”为主要，就不用添“敬”。因此，特提一个“诚意”，此正为学问的主宰处。对这个不明白，真可谓差之毫厘，谬以千里了。一般来说，《中庸》的功夫只是“诚身”，“诚身”的极限便是“至诚”；《大学》的功夫只是“诚意”，“诚意”的极限便是“至善”，功夫永远相同。现在在这里添一个“敬”字，在那里补一个“诚”字，未免画蛇添足，多此一举。

顾东桥在给阳明的信中写道，近代的学者，只重视外在的知识和学问，往往忽略了内在的道德修养，虽广博却不得要领。因此，你着重提倡“诚意”，借以针砭病入膏肓的学子，其价值不可估量。

《大学》的六个台阶（止、定、静、安、虑、得）、八级楼梯（格、致、诚、正、修、齐、治、平），被王阳明缩成一级台阶，就是“致良知”三个字。

致良知的功夫，就是《大学》中说的诚意。诚意在致知，致知的知，就是良知。良知对“是非对错”具有先天性的判断能力，恢复我们的良知，守着自己的良心，就能“致良知”。“尔那一点良知，是尔自家的准则。尔意念着处，他是便知是，非便知非，更瞒他一些不得。尔只不要欺他，实实落落依着他做去，善便存，恶便去。他这里何等稳当快乐！”[①] 我们理解，他这不是说学问，而只是说处事。“凡处得有善有未善，及有困顿失次之患者，皆是牵于毁誉得丧，不能实致其良知耳。”[②] “困顿失次之患”即大是大非面前立场失当造成，“牵于毁誉得丧”即是说从个人有利没利出发而导致恶果。谢无量说，事变纷糅，是非邪正，淆然不易理清，唯“致良知”足以胜之……知善而不能行，便是未能“致良知”矣。[③] 无论面对何事，“致良知”后则问心无愧，若一贯“致良知”于事事物物，人生就快乐了，社会就美好了。

“致良知”要在事上磨炼，事上磨炼就是“格物”。阳明说，“格物”是《大学》的切实着手处，并且学习儒学自首至尾，唯这一个功夫而已，并非只在入门时有这一功夫。正心诚意，致知格物，均是为了修身，其中只有“格物”所用功夫，是每天能看见之处。因此，“格物”是格其心中之物，格其意中之物，格其知中之物。“正心”就是正其物之心，“诚意”就是诚其物之意，“致知”就是致其物之知。[④] “物”即“事”也，“格”即“正”也，“格物”即“正事”——使所有事情都廓然大公，公平公正，国家得到治理，清明太平。所以他说：“我教导人致良知，需要在格物上用功，是有根基的学问。一天比一天有所进步，越长时间就越觉得精明。朱熹教人到每件事物上去寻求探讨，那是没有根基的学问。”[⑤] 明白了阳明的“格物”，就明白了阳明心学的真正用意。正如徐爱所说：“近代的格物学说，好比用镜照物只在照上用功，却不明白镜子昏暗如何能照？先生的格物，就像磨镜使镜

---

① 《传习录下·陈九川录》。

② 《传习录中·启周道通书》。

③ 参见《谢无量·阳明之伦理学》，转引自冯友兰等著《知行合一：国学大师讲透阳明心学》，台海出版社 2016 年版。

④ 参见《传习录中·答罗整庵少宰书》。

⑤ 《传习录下·黄直录》。

光亮，是在磨上下功夫，镜子光亮之后，是不会耽误照的。”[①]

实际上，“心即理”“知行合一”“致良知”等理论，均出于阳明对《大学》“格物致知”的重新解释。“明德亲民”为《大学》指归，“格物致知”是其下手处。

《大学》一书在宋明两代政治文化中，扮演着治国方针的指导角色，王阳明用心学的观点系统阐释了《大学》，就证明了心学的功用绝非仅于个人修身方面而已，而是可以治国平天下。冯友兰[②]指出，“《大学》的三纲领、八条目如此恰当地被纳入他的体系，使他的话更有自信，也更足以服人”[③]。我们理解，“平天下”不是指跃马扬鞭纵横四海统一六国，而是使所有事情都公平公允，天下人平等享有幸福生活。

从阳明心学整体来讲，官员大人们的致良知事上磨炼了，功利心拔本塞源了，本体上无善无恶无偏倚了，就要学以致用了。学以致用就是要明德亲民，从而治国平天下。所以我们说：龙场悟道，心学肇基于格物致知；起征思田，良知归宿于明德亲民。

钱德洪称《〈大学〉问》是“师门之教典”。《大学》中“格物致知”向上一指就是“明德亲民”，王阳明的《〈大学〉问》实现了心学的向上一跃，指向了明德亲民。由此我们又可以说，阳明心学不仅是修养身心的学问，更是经世致用的大道。

---

① 《传习录上·陆澄录》。

② 冯友兰（1895—1990），字芝生，河南南阳唐河县祁仪镇人，中国当代著名哲学家、教育家。1918年毕业于北京大学哲学系，1924年获美国哥伦比亚大学哲学博士学位。回国后，历任清华大学教授、哲学系主任、文学院院长，西南联合大学教授、文学院院长。著有《中国哲学史》《中国哲学简史》《中国哲学史新编》《贞元六书》等，成为20世纪中国学术的重要经典，对中国现当代学界乃至国外学界影响深远，称誉为“现代新儒家”。

③ 《冯友兰·更新的儒学中的另一派：宇宙心学》，见冯友兰等著《知行合一：国学大师讲透阳明心学》，台海出版社2016年版。

# 第十讲　满街都是圣人

“满街都是圣人”是所有人都“致良知”的结果。所谓“满街都是圣人”，就是王阳明心目中的理想社会实现了，大臣如德星聚，所有人的“心理暗角”问题都解决了，从官员到民众都道德完善。

## 第一节　缘　　起

“满街都是圣人”为王阳明归越讲学期间所论。

有一天，王汝止（艮）外出回来，阳明问他：“在外面看到了什么?”王汝止答道：“我看到满街都是圣人。”阳明说：“你看到满街都是圣人，他们看你也是圣人。”

又一天，董萝石外出回来，对阳明先生说：“今天看到一件稀奇事。”先生问是什么稀奇事，董答道：“我看到满街都是圣人。”先生说：“常事罢了，有什么稀奇的?”①

因为王阳明经常讲人人皆可为圣，经常教人立志成圣，锋芒毕露的王艮不信，敦厚内敛的董萝石笃信，所以同样的问题，王阳明回答各异。先生是就他们对自己观点理解的不同，而启发他们。

王阳明多次说“人人都可以成为圣人”，王艮不以为然，以为

---

① 参见《传习录下·黄省曾录》。

不过说说，所以他说“我看到满街都是圣人”这句话，是在讥笑王阳明的言论。王阳明于是借力打力：“你看满街都是圣人，他们看你也是圣人。”你能看到别人都是按照圣人的道德标准在做事，别人也都能看到你是按照圣人的道德标准在做事。这样来教育王艮，等于切断了他不按圣人道德标准做事的退路，使他只能在圣人道德标准的道路上进步。

董萝石的“见满街都是圣人”，是发自肺腑对王阳明“人皆可成圣”思想的确认，所以王阳明只是淡淡地回道“常事罢了”。既然董萝石已经在成圣的认识上上路，就只管在这条康庄大道上前行就是了。

余英时先生认为，阳明因为“得君行道”的想法无法实现，故转到“觉民行道”的路子上去。[①] 王阳明“满街都是圣人”的学说，提出每个人都具备圣人的素质，都有成为圣人的可能，将自我成圣的暗示，从少数精英扩展到一般民众，无疑会对整个社会的道德改造起到重大影响。但现在如果只是官员在对着民众讲致良知、做圣人，那又是陆九渊和王阳明都担心的“借寇兵，赍盗粮”，将是十分滑稽的事情。“反躬自省”才是心学的本意。

圣人不是天生的，是可以通过后天学习达到的；道德是会受到污染的，所以是要通过后天努力来修养的。人们做什么不做什么，肯定先是有思考有分别，然后才去做什么不做什么，如果心中有所私意，那么他做的事必然是偏弊的事。偏弊之事，大则害国害民，小则害亲害友。圣人就是不做偏弊之事。

王阳明的“圣人论”，使他良知学理的标的层峰再上，达致顶尖级格。

圣人只是“心即理”。即摆脱个人利害得失，摒弃一切私欲，明是非而辨善恶，行善而弃恶。

① 参见余英时《宋明理学与政治文化》第六章“明代理学与政治文化发微”，台北允晨文化2004年版，第249—332页。

圣人只是“知行合一”。哪怕是面对山岳崩塌、河海尽沸之局面，圣人自会抛却自我，抛却私意，为国为民，挺身担当，而不会为了一己私利干出丧尽天良的事来。

圣人只是“致良知”。“良知”具有社会公德、职业道德等意义，“致”就是要在每件具体事情上，体现出主体性内在的理性自觉。群体“致良知”的结果，就会形成各尽本分、秩序良好的社会。良知障蔽了、迷失了，人间就昏暗了、浑浊了，只有找回良知，恢复人性，社会才会看到希望。

人有贤愚邪正之分，圣人即没有道德瑕疵的人。表面上看，王阳明是要求可能通过科举成为朝廷官员的学生首先应该成为一个没有道德瑕疵的人。但阳明先生的“圣人之论”如果只在学术界，或书斋里课堂上，而不深入行政队伍中来，其功效将失去大半，甚至将失去生命活力。

“良知”具有共知性，不仅为个人所有，而且有着群体的、大众的意义。“致良知”所体现的实践性、大众性、本质性，可以让所有人有一条简捷易行的道德选择之路。经济发展，科技进步，社会变革，制度缺失，现代文明所带来的良心荒废、人性异化现象，必然成为与人类社会相始终的问题。必须通过良知启蒙、良知教育，让每个人都遵循良知学原理，去除私心、小我，战胜自我的弱点，成为自己的主人，才能够补偏救弊。每个人都领悟到了这种万物一体之仁的良知的时候，我们才能追寻到一种与万事万物和谐共处的生存方式，人类才能真正走上一条庙堂圣明、吏治澄清、民众善行，而与万事万物共生共荣的可持续发展的道路。

中国杰出士人代表文天祥以生命为代价，发出了人世间大问：“读圣贤书，所学何事？”[①] 圣贤书难道是培养小人的吗？肯定不

---

① 文天祥：《衣带铭》，参见司雁人《文天祥在河源》，上海三联书店2013年版，第19页。

是。王阳明的“心即理”“知行合一”“致良知”，说到底就是提出了知识分子必须成为君子，官员必须成为君子的要求。教人成为君子，成为好人，是阳明心学朴素的教育理想。

## 第二节　王阳明立志成圣的过程

“阳明是一个多方面有趣味的人，在他的内心，充满着一种不可言喻的热烈的追求，一毫不放松地往前赶着。他像有一种不可抑遏的自我扩展的理想，憧憬他的内心深处，隐隐地驱策他奋发努力。他似乎是精力过剩，而一时没有找到发泄的出路。他一方极执着，一方又极跳动，遂以形成他早年期的生活。”[①] 关于王阳明童少时期种种神奇，我们的态度是不盲从、不渲染，所以只引钱穆先生这句话来概括交代。

阳明曾对诸弟说：“夫志，气之帅也，人之命也，木之根也，水之源也。源不浚则流息，根不植则木枯，命不续则人死，志不立则气昏。”[②] 可见他对立志的必要性是多么看重。

十岁以前，王阳明在余姚和爷爷、奶奶、母亲一起生活，是个很淘气的孩子。跟着爷爷读些《百家姓》《千字文》《三字经》以及《幼学琼林》之类的蒙学读物，他觉得总是翻来覆去地读，也没啥意思。

十一岁时，父亲把他和爷爷接到北京，第二年让他进了一家私塾。北京作为京师，僧道卜筮，三教九流，无奇不有。对于阳明来说，读书是次要的，每天放学之后，他和几个同伴哪里有热闹就往哪里凑，时常玩得昏天黑地。父亲多次严厉斥责，但每次都有祖父护着。

---

① 钱穆：《王守仁》，商务印书馆 1947 年版，第 36 页。

② 王守仁：《王阳明全集》卷七《示弟立志说》，上海古籍出版社 1992 年版。

《年谱》说他于北京街头得一相士点化，遂立志以“读书学圣贤”“为第一等事”。

“人们的理想或愿望往往产生于似不经意的偶然事件之中，且最初多是极其混沌而朦胧，但对于那些具有超常想象力和意志力的人，却往往是一种极为强烈的原动力。诸如‘做圣贤’之类的相士瞎胡诌，当时几乎人人碰得到，却没有几个人像守仁那样去认真对待。”[①] 弘治二年（1489）十二月，十八岁的阳明偕夫人自江西洪都（今南昌）返浙，途中在广信（今上饶）拜谒著名学者娄谅（号一斋）。娄谅与“语宋儒格物之学，谓‘圣人必可学而至’，遂深契之”[②]。此后，阳明十分倾心于这种通过格物学至圣人的思想，并自以为找到了学为圣人的方法。他把宋儒主要是朱熹的著作统统找来，认真研究。朱子说，凡事都有表里精粗，一草一木皆含至理，格物就是要一事一物统统格过，阳明决定刻意钻研朱子这种格物即体验事物的功夫。

钱穆对《年谱》的理解稍稍做了变化，说，娄一斋“告诉他（阳明）宋儒格物之学，他便认为圣人必可学而至”。就是说，是阳明自己认为圣人必可学而至。“他只是高兴，只是有趣，他只是不肯安于卑近，要做一个超俗拔群的第一等人和第一等事。”[③]

阳明确实是以朱熹的观点为标准，进行过刻苦的格物实践的，但经历了“亭前格竹”失败的打击后，他对自己做圣贤的志向开始有些怀疑：做圣贤大概要有缘分，不是人人都可以达到的，自己或受缘分所限，故想不通格物之理。

“他那又执著又跳脱的性情，使他经尝到多方面的生活”[④]，做不了圣贤就不做吧，世上毕竟凡夫俗子多。阳明与人在龙泉山寺组织了一个诗社，一段时间沉溺于诗文辞赋之中。但一段时间

---

① 方志远：《旷世大儒——王阳明》，河北人民出版社 2000 年版，第 18 页。
② 《年谱一》，王守仁《王阳明全集》卷三十三，上海古籍出版社 1992 年版。
③ 引文均见钱穆《王守仁》，商务印书馆 1947 年版，第 37 页。
④ 钱穆：《王守仁》，商务印书馆 1947 年版，第 37 页。

下来，他又觉得心里空虚，“吾焉能以有限精神为无用之虚文也”[①]，遂决定还是弃文从道。诗社中人为之惋惜并劝留他，阳明笑笑说：“使学如韩、柳，不过为文人，辞如李、杜，不过为诗人，果有志于心性之学，以颜、闵为期，非第一等德业乎？”[②] 阳明仍不能放下做圣贤的志向，但这圣贤如何做，还是找不到门径。

一天，阳明又读朱熹《上光宗皇帝疏》，有曰：“居敬持志，为读书之本，循序致精，为读书之法。”阳明眼前忽然一亮，十年前娄谅先生说的也是这个道理，以往觉得为圣无门，大概是因为自己探讨虽博却没有循序致精，所以总是不得要领。自以为找到了成圣门径，阳明就又钻研起了朱子格物的学问。

过了一段时间，阳明又迷惑了，虽然自己确实在循序渐进细致精研，但按照朱子的方法，事物的“理”和自己的“心”总是沟通不了，物理归物理，我心归我心，判若两途。阳明越探讨越感到糊涂，由于心中烦躁，又是一场大病，于是更觉得圣贤有分，不是人人做得。

由于一时还找不到成圣之路，自己身体又有病，阳明曾一度“溺于神仙之习”[③]。

阳明从小就与佛道有缘：祖母梦见仙人送子自己降生，余姚里巷僧人提醒自己才开口说话，北京街头术士点化自己有了做圣人的念头，南昌铁柱宫与道士通宵议论，自己开始学习养生之法。弘治十四年（1501）年末，江北审录事竣，阳明专程去了一趟佛教四大名山之一的九华山（在今安徽省青阳县），寻访一位外号叫“蔡蓬头”的道士，再三请他传授养生长寿之道。蔡蓬头因精通修炼术而远近闻名，这天却只字不谈养生，反而告诉阳明：长寿养

---

① 《年谱一》，王守仁《王阳明全集》卷三十三，上海古籍出版社 1992 年版。

② 黄宗羲：《明儒学案》卷十二《浙中王门学案二·王畿语录》，中华书局 1985 年版。

③ 湛若水：《阳明先生墓志铭》，王守仁《王阳明全集》卷三十八，上海古籍出版社 1992 年版。

生之道，立地成仙之术，都是闲云野鹤、与世无争之人所为，你胸怀大志，欲济众生，便不该心有旁骛，应当力求为圣之道，何必汲汲于小技而耽误远大前程！说完飘然而去。听说地藏洞有一异人，坐卧松毛，不火食，只吃松子瓜果等天然的东西，阳明攀绝壁走险峰好不容易找到他。异人正在熟睡，阳明见状，就坐在他身边默默等待，不敢出声。异人醒来，惊曰："路险何得至此！"阳明说想讨教怎样修炼最上乘的功夫，异人答非所问："周濂溪、程明道是儒家两个好秀才。"异人不回答功夫的上乘，却回答了学问的上乘，肯定了儒家中的两个见道者，意思是勉励阳明，还是学儒家周、程最好，不必向仙家的路上走，免得误了自己。王阳明后来又上山拜访这位异人，但其已远徙他处，阳明不免有"会心人远"之叹。[①]

阳明自称沉溺佛老三十年，尽管《年谱》有根据阳明以后的道路附会他与僧道关系之嫌，但他日后做人事、做学问的志意取向，确实与这些经历似乎明里暗里有些关系。

年轻时的阳明由于太聪明，又由于年轻而心性不定，所以志向经常变动：有时去习武，有时去研究兵法，有时去作诗，有时想成圣人，有时又觉得什么都不好，还是去做和尚当道士好。

正德元年（1506）十二月，阳明被刘瑾下狱，随后贬为贵州龙场驿丞，正德三年（1508）春到任。身处蛮荒之地，阳明更发现了一些朝中大臣的凶狠无耻，更体会了当地夷人的淳朴善良。"圣人之道，吾性自足，向之求理于事物者误也。"[②] 所谓天理物理，所谓圣人之道，全在各个人心中，全在自己与生俱来的禀性之中；为圣之道，只需向自己心中、自己性中去挖掘、去寻找。

瘴疠之地悟证了如此大道，阳明自觉有一种打骨出髓的感受，

① 均见《年谱一》，王守仁《王阳明全集》卷三十三，上海古籍出版社1992年版。
② 《年谱一》，王守仁《王阳明全集》卷三十三，上海古籍出版社1992年版。

自此坚定了修炼内心、用主观意识去消解客观存在的危难险阻的人生态度。自龙场悟道，阳明“决然以圣人为人人可到，便自有担当了”[①]。

经过了青年时期的思想曲折，王阳明在二十八岁进入仕途，到三十七岁经历了人生第一场重大灾难，才有“龙场大悟”。阳明年轻时候做事不依规矩，曾招致不少非议，自从龙场悟道后，就处处检点，不与物忤，平日教导弟子，也是强调静坐默思功夫，不以物喜，不以己悲，善恶不为念，是非不介怀。他曾经指点弟子立志:“诸公在此，务要立个必为圣人之心，时时刻刻，须是‘一棒一条痕，一掴一掌血’，方能听吾说话句句得力。若茫茫荡荡度日，譬如一块死肉，打也不知得痛痒，恐终不济事。”[②]

章太炎[③]曾说，阳明心学去畏死心、去拜金心、去退缩心、去奴隶心，排除生死，旁若无人……这一切都因为阳明起脚即立志成圣人，并一生力行实践之。

## 第三节 “满街都是圣人”释义

王阳明不仅要求自己按照圣贤的道德标准做人行事，而且希望每个人都能按照圣贤的道德标准去做人行事，所以他讲学，讲圣贤之学，尽自己最大力量对不堪的社会现实施加影响。笃厚之人多了，浮薄之人就少了，社会风俗自然由此而厚。

---

① 《传习录下·黄以方录》。

② 《传习录下·黄以方录》。

③ 章太炎（1869—1936），浙江余杭人，原名学乘，字枚叔（以纪念汉代辞赋家枚乘），后易名为炳麟。因反清意识浓厚，慕顾绛（顾炎武）的为人行事而改名为绛，号太炎。世人常称之为“太炎先生”。早年又号“膏兰室主人”“刘子骏私淑弟子”等，后自认“民国遗民”。清末民初民主革命家、思想家、著名学者，研究范围涉及小学、历史、哲学、政治等，著述甚丰。

一般人都会以为圣人跟自己隔着很遥远的距离，自己再努力也达不到圣贤的道德水准。“圣人必可学而至”——圣人不是先天的，而是通过后天学习才成为圣人的，阳明着力向人们论证人人皆可成圣的原理。

阳明说，“良知良能，愚夫愚妇与圣人同。但惟圣人能致其良知，而愚夫愚妇不能致，此圣愚之所由分也”[①]——在良知良能方面，一般人与圣人原无差别。只是圣人做人做事，不管什么时候都能达到自己内心的良知，一般人则囿于各种各样的原因，不能达到自己内心的良知。正是这样的原因，才造成了一般人与圣人之间，做人境界和做事结果的巨大区别。学做圣人所谓的学问，仅是去“致良知”以精察心中之天理。“尧、舜、三王之圣，言而民莫不信者，致其良知而言之也；行而民莫不悦者，致其良知而行之也”[②]——尧、舜、禹、汤等圣人，他们说的话百姓们没有不信任的，这是因为，他们所说的也只是推致了自己的良知；他们做的事百姓们没有不喜欢的，也只是因为他们所做的推致了自己的良知。“良知即是道，良知之在人心，不但圣贤，虽常人亦无不如此。若无有物欲牵蔽，但循着良知发用流行将去，即无不是道。但在常人多为物欲牵蔽，不能寻得良知”[③]——良知，即为道，它就在人的心中，不仅圣贤，就是平常人都是如此。若没有物欲牵累蒙蔽，只靠良知去发挥作用，那将会无处无时不是道。然而，平常人大多被物欲牵累蒙蔽，不能遵从良知。

夫圣人之心，以天地万物为一体，其视天下之人，无外内远近，凡有血气，皆其昆弟赤子之亲，莫不欲安全而教养之，以遂

① 《传习录中·答顾东桥书》。
② 《传习录中·答聂文蔚》。
③ 《传习录中·答陆原静书》。

其万物一体之念。天下之人心，其始亦非有异于圣人也，特其间于有我之私，隔于物欲之蔽，大者以小，通者以塞，人各有心，至有视其父子兄弟如仇雠者。圣人有忧之，是以推其天地万物一体之仁以教天下，使之皆有以克其私，去其蔽，以复其心体之同然。[①]

圣人之心，与天地万物融为一体，他看全天下之人，并无内外远近之别，只要是有血性的，都是他的兄弟儿女。圣人想让他们有安全感，并去教育他们，以实现他的万物一体的心愿。天下平常人的心，起初与圣人并无什么不同。他们只是迷惑于自我的私心，间隔于物欲的蒙蔽，公天下的大心变成私我的小心，通达的心变成有阻碍的心。各人有各人的想法，甚至将自己的父子兄弟当他人看待。只有克制迷惑的私心，剔除物欲的蒙蔽，才能恢复原本与圣人共有的心体。

阳明强调说，“自己良知原与圣人一般，若体认得自己良知明白，即圣人气象不在圣人而在我矣”[②] ——自己的良知，本来与圣人没有区别，如果能清楚地体认自己的良知，那么，圣人的气象就不在圣人那里，而在自己身上了。

阳明不但论证人人皆可成圣的原理，而且还为人们指出成圣的路径。“必欲此心纯乎天理，而无一毫人欲之私，此作圣之功也”[③] ——一定要此心纯乎天理，无丝毫的私欲，这就是学作圣人的功夫。要想此心纯是天理，就要在私欲未萌生之前加以防范，在私欲萌生时必须加以扼制。良知人人皆有，圣人只是保全它而不让它遭受任何蒙蔽，兢兢业业，勤勤恳恳，良知自然常存，这就是修习。[④] 圣人所说所做，也只是推致了自己的良知，能事事

① 《传习录中·答顾东桥书》。
② 《传习录中·启周道通书》。
③ 《传习录中·答陆原静（又）》。
④ 参见《传习录下·陈九川录》。

“致良知”，就是圣人。

心之良知是谓圣。圣人之学，惟是致此良知而已。自然而致之者，圣人也；勉然而致之者，贤人也；自蔽自昧而不肯致之者，愚不肖者也。愚不肖者，虽其蔽昧之极，良知又未尝不存也。苟能致之，即与圣人无异矣。此良知所以为圣愚之同具，而“人皆可以为尧舜”者，以此也。[①]

圣人也不过是既有智慧又有无懈可击道德的凡人。这两种素质与生俱来，所以人人都是潜在的圣人。只要按良知的指引去思考做事，那就是圣人了。自然而然“致良知”的，是圣人；勉强自己而“致良知”的，是贤人；不肯去“致良知”的，说明他的良知被遮蔽了，那就是愚人。虽然愚人的良知被遮蔽了，但他的良知却仍然存在，如果能“致良知”，就和圣贤没有区别。这就是说，圣愚的良知是一样的，只要肯“致”，就“人皆可以为尧舜”。

盗贼亦有良知，人人皆可成圣的理论，封堵了那些想给自己做坏事找借口的人的退路。对于一般人对成圣的畏难情绪，阳明用“精金之喻”给予疏导。他用精金比喻圣人，用分量的轻重比喻圣人才力的大小，用锻炼比喻学做圣人的功夫。他说，精金之所以为精金，只在成色足无杂质，而不在分量轻重。圣人之所以为圣人，也只在于纯乎天理而不在才力大小。平常人只要肯学做圣人，使自己的内心纯为天理，就能够达到圣人的境界。正是基于此，所以孟子有“人皆可以为尧舜”的说法。学做圣人，不过是去人欲而存天理罢了。若不在成色上锻炼自己，以求不逊于别人的精金，只妄想在分量上赶超别人的轻重，把杂质都夹杂进去，分量是增加了，但成色却愈低下，最后甚至不再有金。“若除去了

① 王守仁：《书魏师孟卷》，见《王阳明全集》卷八，上海古籍出版社 1992 年版。

比较分量的心，各人尽着自己力量精神，只在此心纯天理上用功，即人人自有，个个圆成，便能大以成大，小以成小，不假外慕，无不具足。”[①]

阳明指出的成圣之路简单易行，人人可达，所以他特别强调立志。“立志成圣则圣矣”——立定学做圣人的志向，就没有什么能妨碍你做好人，成圣人。圣人就是道德完善的人，说是好人也行。立志成圣的人，就永远确立了善念。阳明说，所谓立志，就是念念不忘存天理。若时刻不忘存天理，日子一久，心自然会在天理上凝聚，这就像道家所说的“结圣胎”。天理意念常存，就能逐渐达到孟子讲的美、大、圣、神境界。[②]“大抵吾人为学，紧要大头脑，只是立志。所谓困忘之病，亦只是志欠真切。今好色之人，未尝病于困忘，只是一真切耳”[③]——我们学做圣人，关键核心处唯在立志，所谓的疲劳、遗忘等托词，只是因为立志不够真切。看那好色之人，从未有过疲劳、遗忘的说法，只是因为好色真切。阳明曾经这样说过，人只要好善如同喜爱美色，憎恶如同讨厌恶臭，他就是圣人了。[④]学做圣人的学问也只是一个“诚”字罢了。“你真有圣人之志，良知上更无不尽。良知上留得些子别念挂带，便非必为圣人之志矣”[⑤]——你真有做圣人的志向，良知就需纯洁明亮，良知上若还有别的牵挂，就不为必做圣人的志向了。钱德洪开始听这话时，内心还有些不服气，听到最后时，不觉自己周身是汗。阳明的另一段话更加让人猛醒：

诸公在此，务要立个必为圣人之心，时时刻刻，须是“一棒一条痕，一掴一掌血”，方能听吾说话，句句得力。若茫茫荡荡度

① 《传习录上·薛侃录》。
② 参见《传习录上·陆澄录》。
③ 《传习录中·启周道通书》。
④ 参见《传习录下·黄直录》。
⑤ 《传习录下·黄省曾录》。

日，譬如一块死肉，打也不知得痛痒，恐终不济事。回家只寻得旧时伎俩而已，岂不惜哉！[1]

各位在此处，一定要确立一个必做圣人（不做小人）的心。每时每刻提醒自己，扎实去做，务求每件事都有立竿见影的效果。若浑浑噩噩地混时混事，没有个清醒的头脑，是非对错不分，只怕最终做了黑白颠倒的小人之事还浑然不觉，落得个一生可耻之人。“志立得时，良知千事万为只是一事”[2]——在良知的主宰下，千事万事也只是一件事。千言万语，阳明是要人们立志做个“梅花品德日月魂”的人。淡泊恬静，是羲皇的世界；神清气爽，庄严肃穆，是尧舜的世界。若能充分信任良知，不被事物表象所扰乱，便能经常做一个羲皇尧舜世界的人。

致良知人人都可以做到，只要立志做好人。好人不分等级，好事不分等级，但求有颗有良知的心，有颗能知是非善恶的心。只要就知之所及，行那是的心，不行那非的心。王阳明的成圣之教就是这样平易切实，人人可为。

我们每天面对那么多人、那么多事，致与不致良知，能不能公平公允处理这些人情世故，便决定我们是好人还是坏人。立了“良知”这个规矩，则一切至善妥当，就像规矩之于方圆，尺度之于长短，权衡之于物重，明镜之于造形。

圣人只是守住一颗良知的心，对每件事都知道天理所在。圣人只是还他一个良知的本色，更不会添加其他的意思。圣人仅是顺应良知的作用，天地万物皆在我良知的范围内运动，又何尝有一物超出良知之外而成为良知的障碍呢？[3]

圣人也不是无所不知，无所不会，之所以能应变无穷，是因

---

① 《传习录下·黄以方录》。
② 《传习录下·黄修易录》。
③ 参见《传习录下·黄省曾录》。

为圣人的心犹如明镜。由于这个明，使它感而必应，无物不照，并不是对什么都事先研究过了。圣人的光辉事业，乃是碰到特定的历史条件才有的。[①]

所有人耳原本聪，目原本明，心原本睿智，圣人唯一种才能，即"致良知"，普通人不能做到耳聪目明心睿智，只是因为不能致良知。[②] 良知自信，圣人善养浩然之气，成圣就是将好名、好色、好货等根，逐一搜寻，扫除廓清。

学圣也不要提过高的道德要求，只是各随分限所及去致知就可以了。阳明说："今日良知见在如此，只随今日所知扩充到底；明日良知又有开悟，便从明日所知扩充到底"[③] ——循序渐进如种树。

现实情况下，真要事事致良知可能会惹人耻笑，阳明说，如若立志学做圣人："依此良知，忍耐做去，不管人非笑，不管人毁谤，不管人荣辱，任他功夫有进有退，我只是这致良知的主宰不息，久久自然有得力处"[④] ——相信自己，为了自己，只要立了必为圣人之志，不管遇到什么，也只根据这良知耐心地做下去，不在乎别人的嘲笑、诽谤、称誉、侮辱。任他功夫有进有退，只要这致良知没有片刻停息，时间久了，自会感到有力，也自然不会被外在的任何事情所动摇。毁谤是从外界来的，就是圣人也在所难免。人只应注重自身修养，若自己的的确确是一个圣贤，纵然世人都毁谤他，也不能说倒他，将他怎么样。这就如同浮云遮日，如何能损坏太阳的光辉。[⑤] 只要能加强自身修养，外来毁誉根本不能把你怎么样。

阳明心学所谓"心即理""知行合一""破心中贼""致良

① 参见《传习录上·陆澄录》。
② 参见《传习录下·黄省曾录》。
③ 《传习录下·黄直录》。
④ 《传习录下·黄修易录》。
⑤ 参见《传习录下·黄省曾录》。

知”“事上磨炼”“拔本塞源”“无善无恶”“明德亲民”“满街都是圣人”九项，都既是道德要求，又是教人方法，还是人格理想，我们这里称之为“育人心经”。

# 参考文献

鲍世斌．明代王学研究［M］．成都：四川出版集团巴蜀书社，2004．

曹太乙．明代大儒陈白沙［M］．广州：广东人民出版社，2004．

陈来．有无之境：王阳明哲学的精神［M］．北京：人民出版社，1991．

邓艾民．朱熹王守仁哲学研究［M］．上海：华东师范大学出版社，1989．

度阴山．知行合一王阳明［M］．北京：北京联合出版公司，2014．

方尔加．王阳明心学研究［M］．长沙：湖南教育出版社，1989．

方国根．王阳明评传：心学巨擘［M］．南宁：广西教育出版社，1996．

方志远．旷世大儒：王阳明［M］．石家庄：河北人民出版社，2000．

房玄龄，等．晋书［M］．北京：中华书局，1974．

冯友兰，等．知行合一：国学大师讲透阳明心学［M］．北京：台海出版社，2016．

傅振照．王阳明哲学思想通论［M］．北京：中国国际广播出版社，1993．

冈田武彦．王阳明大传：知行合一的心学智慧［M］．重庆：重庆出版社，2015．

贵阳市对外文化交流协会．王阳明谪黔遗迹［M］．贵阳：贵州人民出版社，1999.
韩强. 重读王阳明［M］. 成都：四川人民出版社，1997.
黄宗羲. 明儒学案［M］. 北京：中华书局，1985.
计文渊. 王阳明法书集［M］. 杭州：西泠印社，1996.
黎靖德. 朱子语类［M］. 杨绳其，周娴君，校点. 长沙：岳麓书社，1997.
陆九渊. 陆九渊集［M］. 北京：中华书局，1980.
陆玉林. 陆九渊评传：本心的震荡［M］. 南宁：广西教育出版社，1996.
吕峥. 明朝一哥王阳明：典藏修订版. 北京：民主与建设出版社，2015.
钱明. 阳明学的形成与发展［M］. 南京：江苏古籍出版社，2002.
钱穆. 王守仁［M］. 4 版. 上海：商务印书馆，1947.
沈善洪、王凤贤. 王阳明哲学研究［M］. 杭州：浙江人民出版社，1981.
司雁人. 阳明境界［M］. 北京：中国社会科学出版社，2007.
王程强. 王阳明［M］. 郑州：河南文艺出版社，2016.
王勉三. 王阳明生活［M］. 上海：上海世界书局，1930.
王守仁. 王阳明全集［M］. 吴光，钱明，董平，等编校. 上海：上海古籍出版社，1992.
杨国荣. 心学之思：王阳明哲学的阐释［M］. 北京：生活·读书·新知三联书店，1997.
杨天石. 王阳明［M］. 北京：中华书局，1972.
杨行恭. 王阳明传奇［M］. 武汉：湖北人民出版社，2001.
杨正显. 觉世之道：王阳明良知说的形成［M］. 北京：北京师范大学出版社，2015.
余重耀. 阳明先生传纂［M］. 2 版. 上海：上海中华书局，1924.
张廷玉，等. 明史［M］. 北京：中华书局，1974.

张祥浩．王守仁评传［M］．南京：南京大学出版社，1997.
郑晓．今言［M］．北京：中华书局，1984.
周建华．王阳明南赣活动研究［M］．北京：中国文联出版社，2002.
周月亮．王阳明内圣外王的九九方略［M］．北京：中华工商联合出版社，2002.
朱熹．四书章句集注［M］．北京：中华书局，1983.
诸焕灿．心学大师王阳明［M］．北京：中国文学出版社，2004.